Ernst Peter Fischer
NIELS BOHR

W0177896

SERIE PIPER
Band 5226

Zu diesem Buch

Niels Bohr (1885–1962) war einer der größten Physiker unseres Jahrhunderts. Die von ihm begründete Atomtheorie machte den Aufbau der Atome zum erstenmal erklärbar und bildete vielleicht das folgenreichste geistige Ereignis des 20. Jahrhunderts: Ohne sie wären weder Laser noch Computer denkbar, ohne die auf ihr aufbauende Quantenmechanik bleibt eine chemische Bindung ohne Erklärung und die Molokularbiologie ohne Grundlage. Und: Ohne Atomtheorie wäre schließlich die Kernspaltung nicht möglich gewesen. Als Mensch wie als Wissenschaftler bestimmte Bohr fünfzig Jahre lang die Entwicklung der Atomphysik. In seinem Denken ging er aber weit über die rein physikalisch-technischen Aspekte hinaus. Er versuchte, die Lektion der Atome zu lernen, also zu verstehen, was die neue Physik für den Menschen und seine Welt bedeuten. Das reicht von den politisch zu bewältigenden Folgen der Kernspaltung bis hin zu dem philosophischen Problem der Natur der Wirklichkeit – über das er sich mit Albert Einstein jahrzehntelang auseinandersetzte. Diesen Weg des Physikers und Philosophen Niels Bohr zeichnet Ernst Peter Fischer hier nach; ihm gelingt es dabei, auch physikalischen Laien tiefe Einblicke in sein Denken zu geben, das in unserer Welt tiefe Spuren hinterlassen hat.

Ernst Peter Fischer, geboren 1947 in Wuppertal. Studierte zunächst Festkörperphysik in Köln und dann Biologie bei Max Delbrück in Pasadena; dort promovierte er 1977. Danach Forschungsarbeiten auf dem Gebiet der Biochemie und Biophysik. Seit 1979 ist Fischer an der Universität Konstanz.
Veröffentlichungen u. a.: Licht und Leben (1985); Die Welt im Kopf (1985).

Ernst Peter Fischer

NIELS BOHR
Die Lektion der Atome

Mit 13 Abbildungen

Piper
München Zürich

SERIE PIPER
PORTRÄT
Herausgegeben von
Martin Gregor-Dellin und Reinhard Merkel

ISBN 3-492-15226-0
Originalausgabe
Januar 1987
© R. Piper GmbH & Co. KG, München 1987
Umschlag: Federico Luci
Gesamtherstellung: Clausen & Bosse, Leck
Printed in Germany

Inhalt

Zu Beginn 9
   Das Verlangen nach Offenheit 9
»Ein kleines Stück der Wirklichkeit« 14
   Eine Jahrhundertwende 14
   Eine dänische Familie 18
   Die Säulen der Physik 25
   »Die kleinen Atome« 29
   Kopenhagener Gründungen 32
»Ein Kunstwort wie Komplementarität« 42
   Bohr-Festspiele 42
   Der doppelte Blick auf die atomare Bühne 46
   Die Kopenhagener Deutung 51
   Der Geist von Kopenhagen 60
   Die Lektion der Atome für den Menschen 66
»Nicht einmal der liebe Gott selbst« 76
   Einstein und Bohr 76
   Das Photon im Kasten 78
   Ein Paradoxon 85
   »Gott würfelt nicht« 91
»Das Verlangen nach einer offenen Welt« 96
   Das Innere der Atome 96
   Die Spaltung des Kerns 101
   Der Tod, der alles raubt 104
   Ein Brief an die Vereinten Nationen 111

Zum Ende 114
   Das Prinzip Versöhnung 114

Anhang
   Zeittafel 121
   Auswahlbibliographie 125
   Personenregister 129
   Bildnachweis 131

Für Hans-Jürgen

Zu Beginn

Das Verlangen nach Offenheit

Am Anfang seines Films *Notorious (Berüchtigt)* zeigt Alfred Hitchcock eine fröhliche Abendgesellschaft. Der Zuschauer sieht zunächst vom oberen Ende einer weitläufigen Treppenflucht auf viele Gruppen gutgelaunter Menschen, die sich zuprosten. Die Kamera taucht dann in den Festsaal ein und bewegt sich durch die lachende Menge auf ein merkwürdiges Detail zu, einen Schlüssel nämlich, den jemand fest in der Hand hält. Kommendes Unheil deutet sich an.

Die klassische Physik bot einem Betrachter zu Beginn des 20. Jahrhunderts das gleiche Bild wie diese Festgesellschaft. Ein großes Gebäude war errichtet worden, und man hatte viel erreicht. Auf den ersten Blick fügte sich scheinbar alles gut zusammen, und die ungefährdete Stellung konnte gefeiert werden. Und doch! Wer näher kam und hinsah, bemerkte Unstimmigkeiten. Erste Zweifel an grundlegenden Überzeugungen tauchten auf. Jemand hielt in der Tat einen Schlüssel in der Hand, mit dem er gerade auf dem Höhepunkt der Feier und der Zuversicht, in Berlin zur Jahrhundertwende, eine Hintertür geöffnet hatte, um den Störfaktor einzulassen, der schließlich das Gebäude der klassischen Physik zum Einsturz bringen sollte. Nur wenige Wissenschaftler bemerkten sofort, wie ernsthaft die Bedrohung war. Es dauerte noch zwölf Jahre, bevor der heute als Quantum der Wirkung bekannte Störfaktor in den Mittelpunkt des Interesses gerückt wurde – und zwar durch einen Dänen, der in einer englischen Industriestadt arbeitete.

Niels Bohr aus Kopenhagen arbeitete im Frühjahr 1912 bei Ernest Rutherford in Manchester. Der neuseeländische Physiker hatte mit seinen Versuchen im Jahr zuvor ermittelt, wie ein Atom gebaut ist. Den Experimenten zufolge mußte es einen massiven Atomkern geben, der von einer Hülle aus Elektronen umgeben war. Diese Vorstellung fügte sich nicht in den Rahmen der herkömmlichen Physik. Nach deren Gesetzen konnten Rutherfords »Saturnatome« nicht dauerhaft existieren, sie würden zusammenstürzen. Bohr löste dieses Grundproblem mit »einer kleinen Idee« (B1)*. Er erklärte die Stabilität der Materie, indem er ein dem gewohnten Denken fremdes Element in seine Überlegungen einführte, den Störfaktor eben, dem Max Planck im Jahre 1900 eine Tür geöffnet hatte.

Bohrs Trilogie *Über den Aufbau der Atome und Moleküle* (2–4) erschien 1913. Mit ihr beginnt die Entwicklung der Atomphysik, die Bohr 50 Jahre lang bestimmt hat – als Wissenschaftler und als Mensch. Seine Vorstellungen vom Atom beschleunigten den durch das Wirkungsquantum eingeleiteten Umsturz der Physik, der in den zwanziger Jahren unter großen Schmerzen vollzogen wurde. Eine neue Mechanik entstand, die Quantenmechanik, die sich bis heute in allen Belangen bewährt hat. Es gibt kein Experiment, das ihr widerspricht. Die Quantenmechanik beschreibt die atomare Wirklichkeit und beleidigt den gesunden Menschenverstand. Die Atome kann nur verstehen, wer auf manche Denkgewohnheiten verzichtet. Um diese Konsequenzen seiner Wissenschaft verstehen zu können, wandte sich der Physiker Bohr der Philosophie zu und bemühte sich bis zur Erschöpfung, die Lektion der Atome für das menschliche Erkennen zu lernen. Seiner Ansicht nach konnte die neue Entwicklung der Physik »zur Klärung der allgemeinen Voraussetzungen menschlicher Erkenntnis beitragen« (30). Bohr verwies in vielen Vorträgen unermüdlich »auf die Notwendigkeit einer ständigen Verallgemeinerung der Begriffsbildung zur Einordnung neuer Erfahrungen« (30, 41). Man muß damit rechnen –

---

* Zitiert wurde aus der Auswahl der Werke von Bohr (1–41), aus seiner Korrespondenz (B1– B12) und aus Werken über Bohr (L1– L22); siehe S. 125– 128.

so betonte er –, daß unsere Sprache und unsere Denkformen uns dort im Stich lassen, wo sie sich nie bewähren mußten. Wir müssen unser Denken offenhalten, um auch in die Bereiche vordringen zu können, die nicht unserer direkten Erfahrung zugänglich sind.

Die philosophische Interpretation, die Bohr zusammen mit Werner Heisenberg der neuen Physik in den zwanziger Jahren gab, kann kurz durch die Begriffe Unbestimmtheitsrelationen und Komplementarität charakterisiert werden; man bezeichnet sie heute als Kopenhagener Deutung der Quantenmechanik, weil sie an dem Institut für theoretische Physik entwickelt wurde, dessen Errichtung Bohr 1920 in seiner Heimatstadt durchgesetzt hatte. Mit diesem Haus erhielt die neue Wissenschaft ihr Forum. Dort kamen Physiker aus aller Welt zusammen, um die tiefgehenden und weitreichenden Fragen ihres Faches zu besprechen. Dabei leitete und forderte sie Bohr mit seinen Fragen. In allen Dialogen und Seminaren blieb er immer freundlich, in der Sache war er aber unerbittlich. Bohr wurde der Sokrates unter den Physikern. In seinem Institut entstand der Kopenhagener Geist der Wissenschaft, das heißt, hier wurde zum erstenmal internationale Teamarbeit auf freier Basis verwirklicht. Bohrs Schüler gingen fröhlich und respektlos miteinander um und bewunderten ihren Lehrer, den sie »grenzenlos liebten« (L24).

Die Quantenmechanik, die in den zwanziger Jahren in Göttingen, Cambridge und Kopenhagen entwickelt wurde, wird oft zu Unrecht als esoterisches Spiel von Spezialisten angesehen, das für den Laien ohne Bedeutung bleibt. In Wahrheit hat keine Wissenschaft mehr Konsequenzen für das Denken *und* die Technik, für Kultur und Zivilisation, als diese Physik. Ohne sie wären weder Laser denkbar noch Halbleiter nutzbar, es gäbe also keine Compact Discs und keine Computer; ohne Quantenmechanik bleibt eine chemische Bindung ohne Erklärung und damit die moderne Chemie ohne Grundlage; ohne Quanteneffekte wäre die Wissenschaft vom Leben bloß deskriptiv geblieben und hätte sich keine Molekularbiologie entwickelt. Keine Frage, die Entstehung der Quantenmechanik ist das wichtigste geistige Ereignis unserer Zeit. Und Bohr hat sie ermöglicht.

Die Konsequenzen der neuen Physik blieben nicht auf Fragen der Erkenntnis oder Grundlagenprobleme der Wissenschaften beschränkt. Wer die Struktur der Atome verstanden hat, kann auch lernen, die Bausteine der Materie zu teilen und die hier verborgene Kernenergie freizusetzen. Diese Fähigkeit wiederum konnte zur Konstruktion von Vernichtungswaffen verwendet werden. Daraus entstand ein existentielles Problem, als sich der zweite Weltkrieg ausweitete. Die Physiker, die in Kopenhagen bei Bohr das Gefühl gewonnen hatten, einer internationalen Familie von Wissenschaftlern anzugehören, arbeiteten nun gegeneinander. Bohr befand sich zwischen den Fronten. Er hatte zu beiden Seiten Kontakt und wurde von den Deutschen ebenso verehrt wie von den Engländern, Amerikanern und Russen.

Als Bohr 1943 in London von den Anstrengungen erfuhr, die mit dem Ziel unternommen wurden, eine Atombombe zu bauen, versuchte er sofort, die verantwortlichen Politiker zu Handlungen zu bewegen, die eine Anwendung der Bombe verhinderten. Er dachte schon an die Zeit nach dem Krieg und riet Winston Churchill und Franklin Roosevelt von einer Politik der Geheimhaltung und einer Demonstration der Atommacht ab. Nach 1945 setzte sich Bohr in einem offenen Brief an die Vereinten Nationen für eine Ost und West umfassende und auf Ausgleich angelegte Regelung bei der Behandlung atomarer Waffen ein und beschrieb seinen Traum von einer »offenen Welt« (37).

Bis zum Ende seines Lebens hat Bohr immer intensiver die erkenntnistheoretischen Folgerungen bedacht, die sich daraus ergeben, daß es ein Quantum der Wirkung gibt. Vor allem beschäftigte ihn die Frage, ob die Physik mit seiner Hilfe dazu beitragen kann, das Rätsel des Lebens zu lösen. In seinem letzten öffentlichen Vortrag schlug Bohr vor, »daß das Vorhandensein von Leben an sich als eine Grundtatsache in der Biologie angenommen werden müsse, im gleichen Sinne wie das Wirkungsquantum in der Atomphysik als ein Grundelement betrachtet werden muß, das nicht auf klassische physikalische Begriffe zurückgeführt werden kann« (40). Bohr wies dabei darauf hin, »daß – selbst wenn die Phänomene über den Rahmen der Theorien der klassischen Physik hinausgehen – die Beschreibung der

Versuchsanordnung sowie der Beobachtung in einfacher, mit technisch-physikalischen Ausdrücken passend ergänzter Sprache zu geschehen hat. Dies ist eine klare logische Folgerung, da sich das Wort ›Experiment‹ auf eine Situation bezieht, in der wir anderen berichten können, was wir getan haben« (40). Wenn wir aber miteinander reden, dürfen wir nicht vergessen, daß alles, was wir sagen, nicht genau ist, gerade weil wir es sagen. Bohr vermied es daher, die entscheidenden Tatsachen auszusprechen. Wenn er etwas verdeutlichen wollte, griff er gern auf Anekdoten oder Sprüche zurück. Zwei Zeilen aus den *Sprüchen des Konfuzius* von Friedrich von Schiller zitierte er oft:

> »Nur die Fülle führt zur Klarheit,
> Und im Abgrund wohnt die Wahrheit.«

In diesen Abgrund wollte Bohr schauen, er lehnte jeden Gedanken ab, der ihn zudecken wollte. Die Wahrheit sollte offenbleiben.

»Ein kleines Stück der Wirklichkeit«

Eine Jahrhundertwende

Alle sichtbaren Dinge dieser Welt bestehen aus unsichtbaren Atomen. Diese Tatsache ist heute jedermann geläufig; sie scheint uns kaum noch besonderer Erwähnung wert. Möglicherweise wird aber gerade darauf hinweisen, wer in ferner Zukunft gefragt wird, was die wichtigste Einsicht unseres Zeitalters gewesen sei.

Wir haben erkannt, daß die Materie unseres Universums sich aus Atomen zusammensetzt. Als gesichertes Wissen ist diese Einsicht noch jung. Vor knapp 100 Jahren hatten einige Wissenschaftler die Geduld mit dieser eigentlich schon uralten Idee verloren. Ende des 19. Jahrhunderts wollten sie die Atome in das Reich der Metaphysik verbannen. Diese Gebilde waren so klein, daß sie nicht erfaßbar zu sein schienen. So jedenfalls konnten die ersten Versuche gedeutet werden, die in der zweiten Hälfte des 19. Jahrhunderts unternommen wurden, um die philosophischen Spekulationen über Atome an die experimentellen Wissenschaften anzuschließen.

Die Physiker versuchten damals abzuschätzen, aus wie vielen Atomen etwa das Wasser in einem Becher besteht. Sie kamen auf schwindelerregende Werte. Wer zunächst ein entsprechendes Volumen Wasser in einen Ozean schüttet, dann abwartet, bis sich diese Menge über alle Meere gleichmäßig verteilt hat, und schließlich an beliebiger Stelle seinen Becher wieder füllt, der bekommt – so ließ sich ausrechnen – weit über 1000 der ursprünglich hierin vorhandenen Atome zurück. Es fiel nicht leicht, an das Vorhandensein solch winziger Gebilde zu glauben.

Je näher das 20. Jahrhundert rückte, desto undankbarer wurde durch die Erfolge von Chemie und Physik die Aufgabe, gegen das Vorhandensein von Atomen zu argumentieren. Die Bausteine der Materie selbst blieben dabei rätselhaft. Wie groß waren Atome genau? Wie schwer waren sie? Was bedeutete diese Idee konkret? Der Vorhang vor der atomaren Bühne öffnete sich zunächst nur sehr langsam. Er wurde dann geradezu ruckartig im letzten Jahrzehnt vor der Jahrhundertwende aufgezogen. Zunächst entdeckte Wilhelm Conrad Röntgen in Würzburg Strahlen, die in Materie eindringen konnten. Dann beschrieben Wissenschaftler in Frankreich den radioaktiven Zerfall einiger Atome. Und schließlich gelang es in England, das Elektron als erste elementare Einheit zu identifizieren, die kleiner als ein Atom war. Das Elektron trat als negativ geladenes Teilchen mit sehr geringer Masse neben das schon bekannte schwerere und positiv geladene Proton.

Mit diesen Entdeckungen konnten die Physiker nun untersuchen, wie Licht (Röntgenstrahlen) von Atomen beeinflußt wird, und daraus Rückschlüsse auf die Bausteine der Materie ziehen. Unter diesen Umständen schien es nur noch eine Frage der Zeit zu sein, bis die Mechanik eines Atoms verstanden war, bis man also wußte, wie Proton und Elektron sich in solch einem Gebilde zusammenfinden, um ein Atom zu bilden. Die Physik schien kurz vor einem perfekten Abschluß zu stehen. Voller Hoffnung sah man dem neuen Jahrhundert entgegen.

Es kam dann aber ganz anders. Immer mehr Wolken zogen am Horizont der Physik auf und warfen Schatten auf die vermutete Ordnung. Erst Max Planck (1900) und dann Albert Einstein (1905) bemerkten, daß die Gesetze ihrer Wissenschaft nicht erklären konnten, wie sich Licht und Atome gegenseitig beeinflußten. Genauer gesagt, Planck und Einstein konnten nur erklären, wie Strahlung und Materie ihre Energie austauschen, wenn sie Hypothesen einführten, die der herkömmlichen Physik fremd waren. Die meisten Physiker beunruhigte dies noch nicht, nur Einstein bemerkte sofort, wie folgenschwer die Herausforderung war. Ihm schien jeder Grund unter den Füßen verlorengegangen zu sein, und kein neuer Halt war weit und breit zu sehen(L21).

Die Krise der Physik wurde überdeutlich, als im Jahre 1911 Ernest Rutherford in Manchester endgültig klarstellte, was vor ihm schon vermutet worden war: Atome haben einen Kern. Rutherford entwarf nun das folgende Modell: Um einen Atomkern, der vermutlich aus Protonen besteht und in dem der überwiegende Teil der atomaren Masse konzentriert ist, bewegen sich leichte Elektronen auf weiten Umlaufbahnen. Die Experimente erzwangen also die Schlußfolgerung, daß in einem Atom die Elektronen um ihren Kern kreisen wie die Planeten um die Sonne.

Eine kuriose Vorstellung war da entstanden: Ein (kosmisches) Planetensystem besteht aus Materie, die sich aus Atomen zusammensetzt, die selbst wieder (atomare) Planetensysteme sind. Rutherford betrachtete seine Konzeption zwar als brauchbares Modell für ein Atom, er wußte aber, daß es mit den Prinzipien seiner Wissenschaft nicht zu vereinbaren war. Das Modell verlor auch seinen Sinn, wenn man die Physik darauf anwandte. Elektronen sind geladene Bausteine und senden nach den Gesetzen der Physik Strahlung aus, wenn sie auf geschlossenen Umlaufbahnen unterwegs sind. Im Atom verliert ein Elektron also Energie, es kann sich nicht auf seiner Bahn halten und stürzt in den positiv geladenen Kern. Mit anderen Worten, das von Rutherford vorgeschlagene Atom war nicht stabil. Es war aber – den Experimenten zufolge – das einzig mögliche. Mit der Entdeckung des Atomkerns war den Physikern tatsächlich jeder Halt verlorengegangen. Das Modell war richtig, die Materie war stabil, also mußte die Physik falsch sein.

Den Mut zu diesem Schluß brachte aber erst ein 28jähriger Däne auf: Niels Bohr. Er hatte in seiner Heimatstadt Kopenhagen Physik studiert und arbeitete 1912 nach seiner Promotion bei Rutherford in Manchester. Ihm gelang es, die Stabilität der Atome zu verstehen, weil er die experimentelle Evidenz von Rutherford und ein theoretisches Hilfsmittel von Planck gleichermaßen ernst nahm. Bohr vermittelte zwischen der englischen und der deutschen Tradition in der Physik und erwischte dabei »ein kleines Stück der Wirklichkeit«, wie er 1912 seinem Bruder Harald aus Manchester schrieb (B1). Er wußte, warum Atome stabil waren.

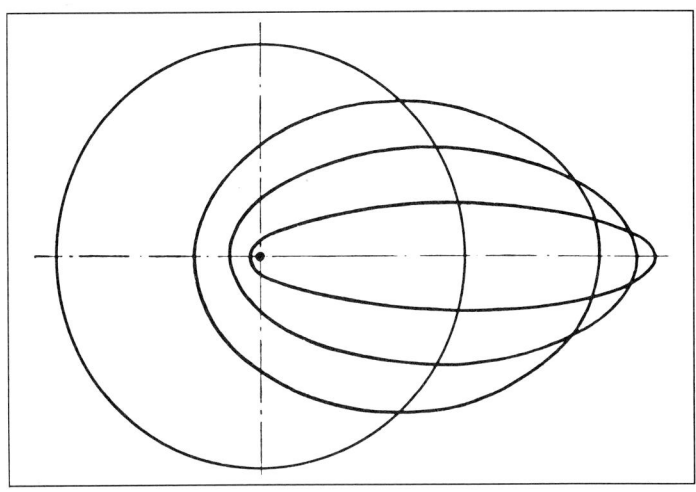

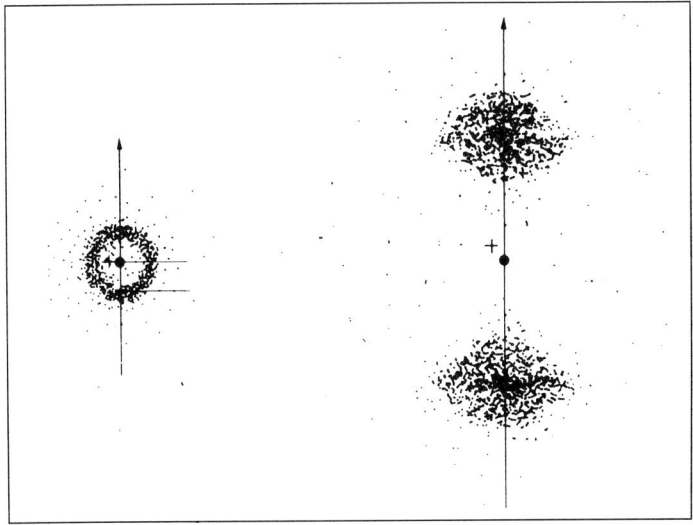

*Schematische Darstellung des Bohrschen Atommodells mit festen Elektro-
nenbahnen und des Atommodells nach der statistischen Quantenmechanik, in
der aus den Bahnen Bereiche geworden sind, in denen sich die Elektronen mit
berechenbarer Wahrscheinlichkeit aufhalten.*

Eine dänische Familie

Die Vermittlung zwischen englischer und deutscher Tradition spielte im Leben von Niels Bohr von Anfang an eine Rolle. Er kam am 7. Oktober 1885 als mittleres der drei Kinder von Christian und Ellen Bohr zur Welt. Christian Bohr, der Physiologie an der Kopenhagener Universität unterrichtete, stammte von der Insel Bornholm, wo sein Vater Gymnasialdirektor gewesen war. Wer von hier aus die Chronik der Familie Bohr weiter in die Vergangenheit zurückverfolgt, landet in der Mitte des 18. Jahrhunderts in Deutschland, genauer gesagt in Mecklenburg.

Christian Bohr ermöglichte seiner Familie ein Leben ohne finanzielle Sorgen. Als Lehrstuhlinhaber wohnte er in unmittelbarer Nähe der Universität im Zentrum Kopenhagens. Hier wuchsen seine Söhne wohlbehütet auf. Im Sommer stand ihnen ein Landhaus zur Verfügung, das der Familie der Mutter gehörte.

Daß Dänemark in der glücklichen Lage war, sich mit den Qualitäten sowohl der deutschen als auch der englischen Kultur vertraut zu machen, wurde von Niels Bohrs Vater begrüßt, und er bemühte sich, seinen Kindern beide Denkweisen zu vermitteln. Christian Bohr verehrte Goethe – er konnte lange Passagen aus *Faust* auswendig – ebenso wie Shakespeare und Dickens. Er orientierte sich an der deutschen Wissenschaft (zwei Jahre lang hat er an der Universität in Leipzig gearbeitet) und liebte den englischen Sport. Auf sein Betreiben hin wurde der Akademisk Boldklub gegründet, der dem Fußballspiel ermöglichte, Einzug in Dänemark zu halten.

Und seine Söhne halfen dabei mit. Harald, Niels' um zwei Jahre jüngerer Bruder, wurde zum herausragenden Spieler seiner Mannschaft. 1908 errang er mit der dänischen Nationalelf die Silbermedaille bei den Olympischen Spielen. Beinahe wäre Niels mit dabei gewesen: als Torhüter. Ein anderer wurde ihm vorgezogen. Über diese verpaßte Chance hat er sich nicht geärgert. Er konnte sich nie ärgern – nicht einmal im Spiel (L14).

Wichtiger als Fußball waren ihm das Skilaufen und das Se-

geln. Beide Sportarten betrieb Niels Bohr mit Geschick und Ausdauer. Er erlangte dabei eine physische Verfassung, die immer
wieder bewundert wurde.

Der Einfluß des Vaters findet sich in zwei Eigenschaften von
Niels wieder. Einmal legte der experimentell arbeitende Christian Bohr Wert darauf, mit philosophischem Denken vertraut zu
bleiben. Er traf sich regelmäßig nach den Sitzungen der Königlich-Dänischen Akademie mit dem Philosophen Harald Höffding zu ausführlichen Gesprächen. Höffding war zwar unter dem
Einfluß Søren Kierkegaards Philosoph geworden, dann aber aus
dessen Schatten herausgetreten, da er sein Interesse für die Naturwissenschaften behalten hatte. Höffding war davon überzeugt, daß nur die Lösungen sterben; Probleme bleiben. Die Fragen sind es, aus denen entsteht, was Dauer hat. Niels Bohr hörte
später Vorlesungen bei Höffding und bekam so einen Einblick in
die Entwicklung der Philosophie. Es ist aber unwahrscheinlich,
daß Bohr dabei eine über das in Dänemark übliche Maß hinaus-
gehende Vertrautheit mit den Werken Kierkegaards bekommen
hat. Bekannt ist nur, daß er die *Stadien auf dem Lebensweg* gelesen
hatte, ohne sich für sie erwärmen zu können.

Daß Kierkegaards Texte Bohr nicht sonderlich beeindruckten,
findet einen Grund darin, daß Bohr dem Christentum und den
Religionen allgemein fernstand. Die Vorstellung eines persönlichen Gottes blieb ihm fremd. Auch hierin zeigt sich der Einfluß
des Vaters. Christian Bohr hatte sich nicht kirchlich trauen lassen und seine Söhne nur zögernd und vermutlich unter dem Eindruck eines Leidens seiner Tochter taufen lassen. Bereits der
18jährige Niels hat erklärt, daß Religion ihm nichts bedeute.
Daran hielt er sein Leben lang konsequent fest. (Die Söhne von
Niels Bohr wurden nicht getauft.) Positive Religiosität schien
ihm den Abgrund formal abzudecken, den er offenhalten wollte
und in dem er die Wahrheit vermutete.

Es gibt ein kleines dänisches Büchlein, das Bohr sehr viel be-
deutet hat, die *Abenteuer eines dänischen Studenten* (L13) von Poul
Martin Møller, der Professor für Philosophie in Kopenhagen
war. Møller schildert darin die Verwirrung eines Studenten, der
auf merkwürdige Weise mit seinen Gedanken nicht zurecht-

kommt. In der entscheidenden Szene erklärt der Student sein Dilemma einem Vetter (zitiert nach L14, eine deutsche Ausgabe von *En dansk student eventyr* liegt nicht vor):

»Gewiß, ich habe schon früher Gedanken zu Papier gebracht. Seit ich aber so deutlich den mit einem solchen Unternehmen verbundenen Widerspruch wahrnahm, bin ich völlig außerstande, einen einzigen Satz schriftlich zu formulieren. Und obwohl die Erfahrung unzählige Male gelehrt hat, daß es möglich ist, quäle ich mich mit dem unlösbaren Rätsel ab, wie man denken, sprechen oder schreiben kann. Du siehst ein, mein Freund, daß Bewegung eine Richtung voraussetzt. Der Verstand kann nicht weiterkommen, wenn er nicht einer bestimmten Linie folgt, vorher muß er sie aber gedacht haben. Daher hat man bereits jeden Gedanken gehabt, bevor man ihn denkt. Jeder Gedanke – anscheinend das Werk einer Minute – setzt demnach eine Ewigkeit voraus. Das kann mich fast zum Irrsinn treiben.

Wie kann also irgendein Gedanke entspringen, wo er doch schon existiert haben muß, bevor er hervorgebracht wird? Wenn du einen Satz schreibst, mußt du ihn vor dem Aufschreiben im Kopf haben, bevor du ihn aber im Kopf hast, mußt du ihn gedacht haben, wie willst du denn sonst wissen, daß ein Satz formuliert werden kann? Und bevor du daran denkst, mußt du doch eine Idee davon gehabt haben, wie wäre es dir sonst eingefallen, ihn zu denken? Und so geht das bis in alle Ewigkeit weiter, und die Ewigkeit ist in einen Augenblick eingeschlossen.«

Bohr hat in Møllers Büchlein immer wieder gelesen, oft davon gesprochen und es auch seinen Mitarbeitern empfohlen. Ihm waren vor allem die Schwierigkeiten vertraut, die auftreten können, wenn man etwas aufschreiben will. Bohr konnte nicht niederschreiben, was er dachte, er mußte es diktieren. Dann ließ er sich seinen Text wieder vorlesen und diskutierte jeden Satz, das heißt, er schrieb sein Manuskript neu. Seine Magisterarbeit wurde auf diese Weise von der Mutter geschrieben und in ihrer Handschrift eingereicht. Später übernahm seine Frau diese Aufgabe, zuletzt jeweils ein Mitarbeiter. Bohr wollte immer reden und diskutieren. Er konnte nicht allein denken. Nur im Dialog war Bohr kreativ.

Dies trifft von Anfang an auf ihn zu, wie überhaupt viele seiner charakteristischen Eigenschaften sich schon sehr früh zeigen und – ebenso wie viele Freundschaften – bis zum Ende des Lebens von ihm beibehalten wurden. Schon als Vorschulkind soll Niels auf seinen Bruder Harald eingeredet haben (L20). Er war dann untröstlich, als er ohne ihn zur Schule gehen mußte. Später als Studenten wurden die Bohr-Brüder eingeladen, sich dem auf zwölf Teilnehmer beschränkten Diskussionskreis Ekliptika anzuschließen, mit dem Ergebnis, daß jede Zusammenkunft früher oder später in einem Dialog zwischen Niels und Harald endete.

Niels brauchte einen Partner, weil sich seine Ideen erst entwickelten, wenn er im Denken der anderen Fehler entdeckte. Dieses Verfahren braucht seine Zeit, aber es ist gründlich und trägt Früchte. Auf jeden Fall war Niels von Beginn an daran gewöhnt, Fehler zu suchen und zu finden. Und nach seinem Studium der Physik entdeckte er auch die Fehler in dieser Wissenschaft.

Sein Hochschullehrer Christian Christiansen hatte ihn aufgefordert, sich mit den Eigenschaften von Metallen zu beschäftigen. Bohr sollte die Vorstellungen kennenlernen, mit denen die elektrische Leitfähigkeit etwa von Kupfer verstanden werden konnte. Der Holländer Hendrik Antoon Lorentz hatte dazu eine Elektronentheorie der Metalle ausgearbeitet. Er nahm an, daß sich die bekannten negativ geladenen Teilchen in einem metallischen Festkörper von ihren Atomen lösen und relativ frei bewegen können. Er behandelte ein Stück Kupfer wie ein Gas aus Elektronen und konnte mit den vorhandenen Gesetzen der Physik zum Beispiel den Strom erklären, der durch einen Draht fließt.

In seiner Magisterarbeit (1909) prüfte Bohr, ob diese Vorstellungen auch helfen, weitere Eigenschaften der Metalle zu verstehen. Er fand zu seiner Zufriedenheit heraus, daß er mit der Theorie von Lorentz die experimentell ermittelte Tatsache erklären konnte, daß eine Legierung aus zwei Metallen Strom schlechter leitet als jedes der reinen Metalle. Bohr entdeckte aber auch, daß es mit der vorliegenden Theorie keine Möglichkeit gab, die magnetischen Eigenschaften zu deuten, die etwa beim Eisen auftreten. In der Theorie mußte folglich ein Fehler stecken.

Bohr verstand dies als ein grundsätzliches Problem. Hier war man nicht einfach an einer willkürlichen Annahme gescheitert. Hier hatten sich die herkömmlichen und erfolgsgewohnten Gesetze der Physik als nicht anwendungsfähig erwiesen. Wie schon bei Planck und Einstein zeigten die bewährten Gesetze bestimmte Schwächen. In seiner Doktorarbeit (1911) versuchte Bohr, sie zu beheben. Er dachte daran, die Elektronen miteinander in Wechselwirkung treten zu lassen, und er räumte zusätzlich den Metallatomen eine gewisse Beweglichkeit ein. Er hielt an der grundsätzlichen Annahme fest, daß sich die Elektronen und die Metallatome in einem (thermischen) Gleichgewicht befinden und Energie zwischen ihnen kontinuierlich ausgetauscht werden kann. Daß dies das Haar in der Suppe war, hatte Planck zwar bereits erkannt, aber noch machte man keinen allgemeinen Gebrauch von dieser Erkenntnis.

Bohr diktierte seine *Elektronentheorie der Metalle* seiner Mutter, reichte die Arbeit aber gedruckt und gebunden ein. Er widmete sie seinem Vater, der ihren Abschluß noch erlebte, dann aber plötzlich einem Herzinfarkt erlag, noch bevor Niels im Mai 1911 seine Dissertation verteidigen konnte. Bohr gelang dies vor überfülltem Hörsaal mit Bravour. Die Professoren lobten die Arbeit und gaben zu Protokoll, daß kein dänischer Physiker die Leistungsfähigkeit der neuen Theorie beurteilen könne. Das öffentliche Interesse an der Prüfung (auch die Presse berichtete ausführlich) erklärt sich aus dem Ruhm, der durch Harald mit dem Namen Bohr verbunden war. Der populäre Fußballheld hatte zwei Jahre nach dem Gewinn seiner olympischen Medaille glanzvoll in Mathematik promoviert, also noch vor seinem älteren Bruder Niels. Harald verbrachte anschließend einige Jahre in der mathematischen Hochburg Göttingen und wurde später Professor in Kopenhagen. Er gilt als Dänemarks bedeutendster Mathematiker.

Da Harald Deutschland gewählt hatte, entschied Niels sich für England. Er wollte nach seiner Promotion einige Jahre in Cambridge bei Joseph John Thomson arbeiten, der das Elektron entdeckt hatte. Thomson saß auf dem berühmten Lehrstuhl Isaac Newtons und galt als die Autorität der Atomforschung. Die

Niels Bohr und Margarete Norlund vor dem Haus der Familie Norlund in Kopenhagen, 1911.

Kopenhagener Carlsberg-Stiftung stattete Bohr mit einem Stipendium aus; im September 1911 brach er nach England auf. Vor dem Abschied aus Kopenhagen hatte sich Bohr mit Margarete Norlund verlobt, der Schwester eines der Teilnehmer an der Ekliptika-Runde.

Im Herbst 1911 traf Bohr in Cambridge ein. Was als wesentliche Etappe gedacht war, wurde nur ein Übergang. Thomson hielt die kritischen Anmerkungen des jungen Dänen zur Elektronentheorie für überflüssig. Bohr lernte zudem nur langsam, sich im Englischen richtig auszudrücken. Er versuchte, seine Sprachkenntnisse durch die Lektüre der Romane von Charles Dickens zu verbessern. Jede unbekannte Vokabel wurde in einem Lexikon nachgeschlagen, das Bohr durch sein Leben begleitet hat. In mühsamer Kleinarbeit hatte er mit Hilfe von Freunden eine holprige Übersetzung seiner Doktorarbeit angefertigt, und er bat Thomson, ihre Veröffentlichung zu befürworten. Der berühmte Physiker versprach, das Manuskript zu lesen. Bohr wartete voller Hoffnung. Doch jedesmal, wenn er in Thomsons Büro nachfragte, fand er seine Doktorarbeit an der untersten Stelle des Papierstapels auf Thomsons Schreibtisch. Als seine Hoffnung in Verzweiflung umschlug, traf Bohr bei einem feierlichen Abendessen zu Ehren Thomsons den Neuseeländer Ernest Rutherford, der in Manchester lehrte. Diesem war 1908 der Nobelpreis für Chemie zuerkannt worden, als es ihm gelungen war, die Radioaktivität als einen Vorgang zu deuten, bei dem chemische Elemente umgewandelt werden. Als Bohr im November 1911 nach Manchester fuhr, um Bekannte seines Vaters zu besuchen, erfuhr er, daß sie mit Rutherford bekannt waren. Ein Treffen konnte nun arrangiert werden. Bohr war beeindruckt und sofort von dem Wunsch erfüllt, in Manchester zu arbeiten. Im Januar 1912 bat er Rutherford schriftlich darum, und im März konnte er bei ihm die Arbeit beginnen. Bohr fühlte sich wie befreit.

Nur Monate später schrieb er seinem Bruder, er habe »eine kleine Idee« gehabt, er hoffe nun »die kleinen Atome« verstehen zu können. Bohr war »sehr, sehr fleißig«, er vergrub sich in seiner Arbeit. Als er wieder auftauchte, hatte er sein »kleines Stück der Wirklichkeit« erfaßt. Das Atomzeitalter konnte beginnen.

Die Säulen der Physik

Das Gebäude der Physik, das Bohr als Student betreten hatte, ruhte auf zwei scheinbar unerschütterlichen Säulen. Einer dieser Grundpfeiler hieß nach seinem Schöpfer die Newtonsche Mechanik. Im späten 17. Jahrhundert hatte Isaac Newton physikalische Probleme gelöst, indem er sie auf geometrische Konstruktionen zurückführte. Er verwendete solch ein Verfahren nicht nur, weil eine quantitative Analyse in seiner Zeit nur auf diese Weise durchgeführt werden konnte. Newton hielt darüber hinaus die Axiome der Geometrie für Tatsachen der Erfahrung. Dabei entstand die Idee des Massenpunktes. Newton behandelte die vorhandenen Teilchen (mathematisch) als Punkte, denen er eine gewisse Masse zuordnete. Als es ihm gelang, das Sonnensystem als ein mechanisches Ensemble aus solchen Massenpunkten zu interpretieren, bereicherte er die Physik nicht nur mit einem arbeitsfähigen Modell des Kosmos; die Erklärungskraft seiner Himmelsmechanik hob seine Prämissen in den Rang eines Paradigmas. Von nun an betrachten die Physiker die materielle Welt als ein Ensemble aus Massenpunkten, die durch Kräfte miteinander verbunden sind. Nur am Anfang störte der Gedanke, daß diese Kräfte über Entfernungen hinweg wirken mußten. Newton selbst glaubte, so auch das Licht verstehen zu können: als einen Strom aus Massenpunkten.

Die zweite Säule der Physik hieß Feldtheorie. Ihr Material wurde aus zwei Quellen gewonnen. Das Studium des Lichtes war eine davon. Zu Beginn des 19. Jahrhunderts konnte – entgegen der Ansicht Newtons – eindeutig nachgewiesen werden, daß sich Licht wie eine Welle ausbreitet. Thomas Young leitete einen Lichtstrahl durch ein sehr feines Loch und beobachtete dahinter auf einem Schirm abwechselnd helle und dunkle Ringe und Ränder. An den dunklen Stellen muß das Licht sich selbst ausgelöscht haben (Interferenz). Dazu sind Wellen in der Lage, nicht aber Teilchen. Als Augustin Jean Fresnel auch mit einem Spiegelversuch das Phänomen der Interferenz von Licht nachwies, galt die Wellentheorie als gesichert.

An diese Entdeckung schloß sich aber eine schwierige Frage

an: Wellen, die sich bewegen, brauchen eine Substanz, in der sie sich ausbreiten können. Schallwellen etwa werden von der Luft getragen. Worin nun pflanzt sich das Licht fort? Die Luft kam als Träger nicht in Frage, denn Licht durchquert ein Vakuum, das jedes Geräusch verschluckt. Es mußte ein besonderes Feld, ein Medium, geben, das den Raum erfüllte und das Licht trug.

Hier konnte man aus der zweiten Quelle der Feldtheorie schöpfen. Solche Felder waren beim Studium der Elektrizität und des Magnetismus tatsächlich schon bemerkt und erkannt worden. Michael Faraday hatte sie mit raffiniert einfachen Versuchen entdeckt. Heute ist der Ausdruck »elektrisches« beziehungsweise »magnetisches Feld« jedermann geläufig. Felder werden im Innern von materiellen Körpern erzeugt, breiten sich aus, und die von ihnen ausgeübten Kräfte wirken lokal auf andere solche Körper ein. Mit ihnen verschwindet Newtons Problem der Fernwirkung.

Alle physikalischen Objekte mußten demnach entweder Teilchen oder Wellen sein. Im ersten Fall folgten sie den Gesetzen der Newtonschen Mechanik, im zweiten galten für sie die Feldgleichungen, die der Schotte James Clerk Maxwell um 1870 formuliert hatte. Das mit diesen Theorien entstandene stolze Gebäude der Physik, in dem unter anderem eine statistische Mechanik und die Elektronentheorie zu finden waren, nennt man heute die klassische Physik, um sie von der modernen Physik des 20. Jahrhunderts zu unterscheiden, die uns zu fundamentalem Umdenken gezwungen hat.

Der Bruch zwischen dem klassischen und dem modernen Denken der Physik ist radikal. Die Konstruktion des neuen Physikgebäudes geschah nicht in einem genialen Wurf. Sie vollzog sich im Gegenteil quälend langsam in fünf mühsamen und schmerzvollen gedanklichen Schritten. Bohr trat in der Mitte in Erscheinung. Ihm gelang der dritte Schritt auf dem Weg zum Verstehen der materiellen Welt.

Den ersten Schritt hatte Max Planck genau im Jahre 1900 getan. Er ließ durch eine Hintertür eine Größe in die Physik ein, die mit Bohrs Hilfe das ganze Haus schließlich zum Wanken brachte. Um Plancks Beitrag zu verstehen, müssen wir in eines der Zimmer gehen, das von den beiden Säulen der Physik getragen wurde. Es heißt statistische Mechanik. In dieser Disziplin versuchten die Physiker, die beobachteten Eigenschaften eines Körpers – zum Beispiel seine Temperatur oder seine Leitfähigkeit – aus den Eigenschaften seiner Bausteine abzuleiten. Sie mußten dazu mit sehr vielen Molekülen rechnen und waren also gezwungen, statistisch vorzugehen. Auf diese Weise konnte zum Beispiel die Wärmeenergie eines Gases aus der Bewegungsenergie seiner Moleküle berechnet werden.

An einer Stelle nun blieb dieses Verfahren stecken. Es gelang den Physikern nicht, die Farbe des Lichtes zu verstehen, das etwa von einem Stück Eisen ausgesandt wird, wenn man es erhitzt. Zuerst ist es nur warm, und infrarotes Licht erscheint, dann wird es feuerrot und leuchtet schließlich gelb (»Weißglut«). Für jede Temperatur gibt es eine Verteilung der Lichtfrequenzen, und ihren Verlauf sollte die statistische Physik voraussagen können. Sie lieferte jedoch eine Katastrophe. Die Formel, die im Rahmen der klassischen Vorstellungen abgeleitet werden konnte, erlaubte kein Gleichgewicht zwischen dem Licht und dem glühenden Körper. Nach der klassischen Physik mußte das Licht bei jeder Temperatur ultraviolett sein – also unsichtbar.

Im Jahre 1900 fand Planck einen formalen Ausweg aus diesem Dilemma. Er führte eine mathematische Hilfsgröße ein, indem er annahm, daß die Energie zwischen der erhitzten Materie und dem abgestrahlten Licht nicht kontinuierlich ausgetauscht wird. Vielmehr wechselt die Energie in Form diskreter Einheiten – sogenannter Quanten – den Besitzer. Damit konnte Planck zunächst leichter rechnen. Es gelang ihm, eine Strahlungsformel abzuleiten, welche die im Experiment ermittelte Verteilung exakt beschrieb. Versuchte er nun in seiner Ableitung, die minimale Größe dieser Pakete gegen Null gehen zu lassen, traf die Formel zu seiner Überraschung nicht mehr zu. Nur unter der Annahme von diskreten Energiewerten stimmte die physikalische Theorie in allen Details mit den experimentellen Ergebnissen überein.

Planck kam ohne die Quanten nicht mehr aus. In einem »Akt der Verzweiflung« (L18) postulierte er, daß die Energie zwischen Materie und Licht nur in diskreten Portionen ausgetauscht werden kann. Diese Einheiten charakterisierte er durch das sogenannte »Quantum der Wirkung«. In der Physik wird unter Wirkung das Produkt aus Energie und Zeit verstanden. Es schien zunächst eine Aufgabe unter vielen anderen zu sein, das Wirkungsquantum aus physikalischen Prinzipien abzuleiten. Erst nach einigen Jahren bemerkten die Physiker, daß dies nicht möglich ist. Das Quantum kann nicht erklärt, es muß einfach hingenommen werden.

Diese Konsequenz zog wahrscheinlich als erster Albert Einstein, als er 1905 mit einem fundamentalen Beitrag den zweiten Schritt zur Erkenntnis der atomaren Welt ermöglichte. Einstein sah deutlich, daß die Quantenidee nicht mit der Vorstellung von Licht*wellen* vereinbar war, vielmehr mußte es Licht*quanten* (Photonen) geben, Licht*partikel* also. Seine revolutionäre »Lichtquantenhypothese« aus dem Jahre 1905 ließ das Licht zu einer dualen Erscheinung werden. Auf optischen Wegen lief es wie eine Welle – es wurde reflektiert, gebrochen und gestreut –, stieß es aber mit Atomen zusammen und wurde es in Energie umgewandelt, trat seine korpuskulare Natur hervor.

Neben dem Beitrag zur Quantentheorie – und einer ebenfalls fundamentalen Arbeit über Molekularbewegungen – veröffentlichte Einstein im selben Jahr die Überlegungen, mit denen sein Name gewöhnlich im öffentlichen Bewußtsein verknüpft ist. Er entwarf die spezielle Relativitätstheorie, die unsere Vorstellungen von Raum und Zeit einer Revolution unterzogen. Sie machte Einstein später zum bekanntesten Physiker seiner Zeit.

Er konnte mit seiner Quantenannahme handfeste physikalische Folgerungen ableiten, die sich experimentell prüfen ließen, etwa die Herauslösung von Elektronen aus Metalloberflächen durch einfallendes kurzwelliges Licht (der sogenannte lichtelektrische Effekt). Damit breitete sich das Quantum, das Planck durch eine Hintertür eingelassen hatte, weiter im Gebäude der Physik aus. Aus der mathematischen Hilfsgröße war bei Einstein ein heuristisches Prinzip geworden. Er ging nicht so weit, seine hypothetischen Photonen wörtlich als die Darstellung dessen anzusehen, was Licht wirklich ist, wenn es sich ausbreitet und reflektiert wird. Einstein traute dem Wirkungsquantum im Grunde keine Wirklichkeit zu.

Die Realität der Quanten hat erst Bohr erkannt. Ihm gelang es 1912, Struktur und Stabilität der Atome dadurch zu verstehen, daß er Plancks Quantum der Wirkung an den Anfang seiner Überlegungen setzte. Hierauf konnte er bauen, und mit ihm kam er weiter.

»Die kleinen Atome«

Als Bohr in Manchester eintraf, war er davon überzeugt, daß die Vorstellungen, die Rutherford vom Atom entworfen hatte, die Wirklichkeit erfaßten. Nur sie machten die Experimente verständlich, die in Manchester ausgeführt worden waren. Ausgangspunkt der Versuche waren sogenannte Alphateilchen, die von radioaktiven Atomen stammten. Lenkt man einen Strom solcher Partikel auf eine hauchdünne Schicht aus festem Material, dann durchqueren die meisten Teilchen das Hindernis ohne jede Wirkung. Einige wenige Partikel allerdings werden abgelenkt, sie fliegen fast direkt zu ihrer Quelle zurück. Sie mußten in der Materie auf etwas getroffen sein, das massiver als die Alphateilchen selbst war. Die Atome müssen also neben einem großen Bereich, der (für Alphastrahlen) durchlässig ist, eine kleine undurchlässige Region aufweisen. Rutherford sprach von einem Kern und seiner Hülle. Im Kern vermutete er die Protonen, die von mehreren Elektronen umkreist werden. Rutherford stellte sich ein Atom wie den Planeten Saturn vor.

Was war für Bohr an diesem Modell so attraktiv? Warum hielt er an ihm fest, und warum hatte er den ungeheuren Mut, zu sagen, nicht das Modell ist falsch, sondern die klassische Physik, die wir darauf anwenden?

Zunächst kann man antworten, daß Bohr seine Neugierde einschränkte und auf genau ein Problem konzentrierte – die Frage nach der Stabilität. Den Physikern standen als Daten über die Atome eine Fülle sogenannter Spektrallinien zur Verfügung. Das Licht, das von den chemischen Elementen ausgesandt werden konnte, setzte sich aus Komponenten bestimmter Wellenlänge zusammen, die gemeinsam das charakteristische Spektrum eines Elementes ausmachten. Jede vorhandene Wellenlänge tauchte als eine Linie im Spektrum auf, und die Physiker hofften, Einzelheiten über den Atombau aus diesen Spektrallinien ableiten zu können. Umgekehrt mußte ein zutreffendes Atommodell die jeweiligen Linien berechnen können. Bohr betrachtete dies als letzte und komplizierteste Aufgabe einer Hypothese über den Bau der Atome. Er beschränkte sich auf die »einfache« Stabilität.

Daneben erkannte Bohr offenbar, daß Rutherfords Saturnatom mit einem Schlag zwei fundamentale Aspekte der Materie verständlich machte. Neben der Frage nach der Stabilität erklärte das Modell, warum man zwischen physikalischen und chemischen Eigenschaften der Elemente unterscheiden konnte. Im Atomkern steckte die Physik (Radioaktivität), in der Elektronenhülle die Chemie (Reaktionsbereitschaft).

Daß die chemischen Unterschiede zwischen Elementen nicht durch ihre Atomkerne bestimmt wurden, hatte Bohr ebenfalls in Manchester gelernt. Hier hatte er den Ungarn George de Hevesy getroffen, der zuvor bei dem Chemiker Fritz Haber in Karlsruhe gearbeitet hatte. Hevesy war aufgefallen, daß Atome mit unterschiedlichen Gewichten (also verschiedenen Kernen) chemisch gleich sein konnten. Bohr zog daraus den Schluß, daß sich der Kern an chemischen Reaktionen nicht beteiligt, sondern »nur« die Physik der Atome erledigt. Für die chemischen Eigenschaften mußten also die den Kern umhüllenden Elektronen verantwortlich sein.

Das Saturnatom erlaubte also, zugleich die Chemie und die Physik der Atome zu verstehen. Und seine Stabilität konnte mit Hilfe der Quanten begründet werden. Das der klassischen Physik fremde Konzept hielt die Elektronen in ihrer Bahn. Wenn nämlich Elektronen ihre Energie auch nur in Form von Quantenpaketen abgeben beziehungsweise erhalten können, dann versagt das klassische Argument der Abstrahlung. Hier verliert eine beschleunigt bewegte Ladung ihre Energie kontinuierlich. Das Quantum verhindert dies und schützt die Elektronen davor, in den Kern zu stürzen, es stabilisiert die Materie.

Indem er die Wirklichkeit der Quanten anerkannte, erzwang Bohr einen weiteren revolutionären Schritt. Bevor er sein Modell vorschlug, hatten die Physiker ganz selbstverständlich angenommen, daß die Frequenzen des Lichtes, das Atome aussenden, solche Frequenzen sind, die im Atom wirklich existieren, nämlich als Frequenz der umlaufenden Elektronen. Wenn das Quantum die Elektronen in ihrer Bahn halten sollte, durften die stabilen (stationären) Elektronen gerade *nicht* strahlen. Die Abgabe der Energie erfolgte in Bohrs Modell nur beim Übergang von einer Quantenbahn zur nächsten. Damit wurde ein physikalischer Vorgang selbst diskontinuierlich. Eine Konsequenz hieraus besteht darin, daß die Frequenz des Lichtes nicht von der Frequenz des Elektrons abhängt. Diese Einsicht ist eine große Errungenschaft des Bohrschen Modells.

Bohrs Beschreibung der Atome wirkt wie das Produkt einer gespaltenen Persönlichkeit. Erst tritt der klassische Physiker Bohr auf. Er berechnet die möglichen Umlaufbahnen der Elektronen, wie man dies für die Umlaufbahn eines Satelliten kennt. Danach zieht sich dieser Bohr zurück, und seine Quantenhälfte tritt in Erscheinung. Er betrachtet die ausgerechneten Bahnen, sucht sich diejenigen aus, die ihm (und auf die Natur) passen, und erklärt die hier befindlichen Elektronen für stabil, solange sie nicht gestört werden. Solch eine Umlaufbahn konnte durch eine sogenannte Quantenzahl festgelegt werden. Wenn Elektronen auf eine andere dieser zugelassenen Bahnen springen, können sie ein Quantum Energie abgeben, das als Photon entweicht. Damit ergänzte Bohrs Theorie die Lichtquantenhypothese von Einstein, das heißt, die Quantensprünge machten die Hypothese nun zu einer Folgerung.

War diese schizophrene Theorie auch Wahnsinn, so hatte sie doch Methode, und die Physiker mußten mit ihr leben. Sie kamen am besten dann zurecht, wenn sie sich konsequent an den klassischen Ergebnissen orientierten und vorsichtig tastend in die Quantenwelt aufbrachen. Es dauerte aber weitere zwölf Jahre, bis die letzten beiden Stufen auf dem Weg in die atomare Wirklichkeit erklommen und ein tieferes Verständnis dieser Quantenspringerei erreicht wurde.

Die für die Physiker überzeugendste Fähigkeit der Bohrschen Vorstellungen zeigte sich 1913. Bis zu diesem Jahr hatte sich Bohr nur mit der Stabilität und dem Durchtritt der Alphateilchen durch Materie beschäftigt. An die Spektrallinien hatte er sich nicht herangewagt (und vielleicht auch nicht gedacht). Im Februar 1913 traf er in Kopenhagen den dänischen Physiker Hans Marius Hansen, der gerade aus Göttingen zurückgekehrt war, wo er besondere Kenntnisse der Spektralgesetze erworben hatte. Er hatte gelernt, daß sie überraschend einfach formuliert werden konnten. 1884 hatte der Schweizer Mathematiker Johann Jakob Balmer gefunden, daß sich eine Serie von Linien des Wasserstoffspektrums einfach als Differenz zweier Terme schreiben läßt. Der erste ist dabei immer konstant, der zweite ändert sich ganzzahlig. Hansen fragte Bohr, ob sein Modell nicht diese Balmer-Formel erklären konnte. In dem Augenblick, als Bohr diese Beziehung sah, wurde ihm schlagartig klar, daß seine Vorstellungen mehr konnten, als nur dem Rutherfordschen Modell Stabilität zu verleihen. Er war nun in der Lage, wirkliche Eigenschaften der Atome vorherzusagen.

Kopenhagener Gründungen

Als er sich mitten im Umsturz der alten Physik befand, suchte Bohr einen festen Halt für sein Leben. Im August 1912 fuhr er nach Kopenhagen, um seine Verlobte Margarete zu heiraten. Die Hochzeit war schon lange geplant, ebenso die Hochzeitsreise nach Norwegen, die allerdings ausfallen mußte. Zu viele unvollendete Manuskripte warteten in England auf ihre Fertigstellung. Rutherford hatte dringend geraten, wenigstens *eine* Arbeit abzuschließen. Mit Margaretes Hilfe kam Bohrs Niederschrift voran. Seine Frau wurde seine wichtigste Mitarbeiterin. Was vorher immer wieder steckengeblieben war, lief nun wie von selbst. Niels konnte wieder diktieren, Margarete schrieb, nicht ohne den Stil zu verbessern, und innerhalb kürzester Zeit wurde die angefangene Arbeit über das Eindringen von Alphateilchen in Materie druckreif (1). Nun blieb auch Zeit für eine Reise nach Schottland.

Wie das gemeinsame Leben der Eheleute begonnen hatte, so blieb es mehr als ein halbes Jahrhundert lang. Große Belastungen führten die Bohrs mit Ausdauer und Geschick zu einem guten Ende. Die Ehe kann als glücklich bezeichnet werden. Erst durch den Tod von Niels wurde das Paar getrennt.

Der theoretische Physiker Bohr ist im Laufe seines Lebens auch dem Thema seiner ersten englischen Arbeit treu geblieben. Mehrfach hat er sich mit dem Durchgang energiereicher Strahlung durch feste Körper beschäftigt. Dies schien ihm die beste Möglichkeit zu bieten, die Physik der Materie zu verstehen.

Ende September 1912 kehrten die Bohrs nach Kopenhagen zurück. Niels trat eine Assistentenstelle an der Universität seiner Heimatstadt an. Damit waren Vorlesungsverpflichtungen verbunden, und Niels fürchtete, daß ihm nicht genug Zeit blieb, sich seinen »kleinen Atomen« (B1) zu widmen. Er stellte sich keine leichte Aufgabe, als er beschloß, über die mechanischen Grundlagen der Wärmelehre vorzutragen. Vermutlich nutzte er diese Vorlesungen, um sich selbst darüber Klarheit zu verschaffen, was es eigentlich heißt, etwas *mechanisch* zu begründen. Auch das Atom wollte er so erfassen. Bohr dachte dabei nicht an eine Newtonsche Mechanik, er suchte vielmehr die *quantenmechanische* Fassung der Atome.

Die Sorge, zuwenig Zeit zu haben, verflog Anfang 1913, als er, wie erwähnt, die Balmer-Formel kennenlernte. Nun brauchte er nicht mehr viel Zeit. Innerhalb weniger Wochen entstand die erste der drei Arbeiten (2–4), die heute als Trilogie bezeichnet werden. Mit diesen Veröffentlichungen beginnt die moderne Atomphysik. Wie intensiv Bohr versucht hat, den »Aufbau der Atome und Moleküle« zu verstehen, läßt sich daran ablesen, daß er während der Arbeit am Manuskript keinen Kontakt nach außen aufnahm. Er schrieb in dieser Zeit keinen Brief.

Die Trilogie erschien in den Juli-, September- und Novemberausgaben des *Philosophical Magazine*. Sie war in jedem Detail mit Rutherford abgesprochen. In den Diskussionen mit seinem verehrten Lehrer zeigte Bohr seine Unerbittlichkeit. Rutherford fand zunächst den ersten Teil zu lang. Er teilte Bohr in einem Brief aus Manchester mit, daß »ich nach meinem Gutbefinden aus Ihrer Abhandlung alles herausstreiche, was ich als unnötig ansehe« (B2). Als Bohr dies las, hatte er Rutherford bereits eine neue Version geschickt, die noch viel umfangreicher war. Er fürchtete, Rutherford könne nun die Geduld verlieren, und glaubte, dies nur durch ein direktes Gespräch verhindern zu können. Die Gelegenheit war günstig. Ihm standen einige vorlesungsfreie Tage zur Verfügung, und ohne zu zögern reiste Bohr nach England. In langen Diskussionen setzte sich der zähe Däne durch. Schließlich schickte Rutherford das Manuskript ohne größere Kürzungen an das *Philosophical Magazine* ab.

Bohr konnte sich nun einem ganz anderen Problem zuwenden, das uns heute etwas seltsam anmutet. Mit seiner Atomtheorie stand er wieder in der Mitte, genauer gesagt zwischen allen Lehrstühlen. Seine Beschreibung der Atome war eine Mischung aus Physik und Mathematik. Heute sagen wir »theoretische Physik« dazu, und die große Zahl der Lehrstühle für dieses Fach beweist seine Bedeutung. Die Anerkennung mußte aber erst erkämpft werden. Die »wirklichen« Physiker hielten mehr von Experimenten, und den Mathematikern schienen die Theoretiker nicht genau genug mit den analytischen Begriffen umzugehen. Ein theoretisch arbeitender Physiker hatte es zu Beginn des 20. Jahrhunderts schwer, anerkannt zu werden. Auch an der Universität von Kopenhagen gab es keinen Lehrstuhl für dieses Fach; 1913 bat Bohr darum, einen solchen einzurichten. Bis zu dieser Zeit war er Assistent in der Experimentalphysik und mit der Ausbildung der Medizinstudenten beschäftigt. Sein vorgesetzter Ordinarius akzeptierte die neue Atomtheorie nicht.

Um zu erreichen, daß ihm die mathematisch-naturwissenschaftliche Fakultät in Kopenhagen eine Anstellung gab, die seinen Fähigkeiten entsprach, bat Bohr Rutherford um ein Empfehlungsschreiben. Die Antwort kam zwar rasch, aber erst im Sommer 1916 ging Bohrs Wunsch in Kopenhagen in Erfüllung: Man schuf eine Professur für theoretische Physik. Bis zu diesem Zeitpunkt arbeitete er wieder in Manchester. Seinem Empfehlungsschreiben an die Fakultät hatte Rutherford ein Angebot auf eine Dozentenstelle folgen lassen. Während eines Besuches in England sagte Bohr zu, diese Stelle am 1. September 1914 anzutreten. Einen Monat nach Ausbruch des ersten Weltkriegs traf Bohr zu seinem zweiten Aufenthalt in Manchester ein.

Er wollte diese Zeit nutzen, mit seinen Vorstellungen von den Atomen das Periodensystem der Elemente zu erklären. Das heißt, Bohr versuchte aus physikalischen Prinzipien heraus die Ordnung zu verstehen, die die Chemiker unter den in der Natur vorhandenen Stoffen entdeckt hatten.

Diesmal konnte er nicht mehr wie beim ersten Mal ungestört und unbeeinflußt seinen Überlegungen nachgehen. Einmal war Bohr über den seiner Ansicht nach sinnlosen Krieg entsetzt. Wie konnten sich Menschen im Europa des 20. Jahrhunderts bis an die Zähne bewaffnen und übereinander herfallen? Viele talentierte Physiker waren unter den Opfern; so fiel im August 1915 Henry Moseley, dessen Experimente wesentlich zur Stützung der Bohrschen Theorien beigetragen hatten. Zum anderen versuchte Bohr nicht mehr als einziger, die Quantennatur der Atome zu verstehen. Als er im April 1916 letzte Hand an einen Aufsatz legen und eine »Anwendung der Quantentheorie auf periodische Systeme« versuchen wollte, erreichte ihn ein umfangreiches Paket mit Arbeiten von Arnold Sommerfeld aus München. In ihnen wurde die bisherige Quantenbedingung von Bohr verallgemeinert. Bohr hatte *eine* Quantenzahl genügt, um die kreisförmigen Bahnen der Elektronen im einfachen Wasserstoffatom festzulegen. Viel weiter war Bohr allerdings damit nicht gekommen. Schon beim Helium wurden die elektronischen Bewegungen zu verwickelt. Bohrs Theorie mußte erweitert werden.

Sommerfeld hatte nun gezeigt, daß er kompliziertere Elektronenbewegungen erfassen konnte, indem er eine *zweite* Quantenzahl einführte. Damit konnten neben den Bohrschen Kreisen auch elliptische Umlaufbahnen der Elektronen zugelassen und erklärt werden, die dem Wirkungsquantum genügten. In diesem Rahmen stimmten die Berechnungen der Theorie mit den Messungen in den Experimenten genauer überein. Auch Einstein war von Sommerfelds Ergebnissen begeistert. Er schrieb ihm:

»Durch sie wird Bohrs Idee erst vollends überzeugend. Wenn ich nur wüßte, welche Schräubchen der Herrgott dabei anwendet.« (L18)

Bohr verzichtete auf die Veröffentlichung seiner Arbeit und schickte die Korrekturbogen mit der entsprechenden Bitte zurück. Er hatte erkannt, daß nun aus dem Bohrschen Atom*modell* die Bohr-Sommerfeld-Atom*theorie* geworden war, deren Ideen weit über Bohrs Ansatz hinausführten. Heute spricht man in diesem Zusammenhang von der alten Quantentheorie. Das Wort »alt« soll darauf hinweisen, daß in dieser Theorie die Elektronen immer noch auf Bahnen laufen; die mechanischen Analoga der durch die Quantenbedingungen ausgewählten Bahnen waren jedenfalls leicht vorstellbar. Dies galt problemlos für Bohrs Modell, es traf auch nach dem Beitrag von Sommerfeld noch zu, obwohl es schon viel komplizierter geworden war. Die neue (heutige) Quantentheorie räumte schließlich mit allen anschaulichen Vorstellungen auf. In ihr gibt es keine Bahnen (Orbits) mehr, auf denen Elektronen unterwegs sind. Statt dessen redet man von Orbitalen, in denen sich die Elektronen (mit gewisser Wahrscheinlichkeit) aufhalten. Es dauerte allerdings noch einige Jahre, bis diese Vorstellungen ermöglicht wurden.

Kurz nachdem Bohr die Arbeiten von Sommerfeld erhalten hatte, kehrte er – mitten im Krieg – nach Kopenhagen zurück. Im Sommer 1916 wurde er der erste Professor für theoretische Physik in Dänemark. Bohr war aber noch nicht ganz zufrieden. In Manchester hatte er gemerkt, wie wichtig es für einen Wissenschaftler ist, in einem Institut zu arbeiten, in dem die Chancen groß sind, jemanden zu finden, mit dem man regelmäßig und mit Gewinn über offene Fragen diskutieren konnte. Bohr wollte ein solches Zentrum der Physik in Kopenhagen schaffen, und am 18. April 1917 schlug er der Fakultät für Mathematik und Physik an seiner Universität vor, ein Institut für theoretische Physik zu gründen. Darin sollte natürlich der Schwerpunkt auf der Theorie liegen. Bohr verlangte aber, daß man auch experimentieren können sollte, und so wurde von Anfang an ein technisch hochwertig ausgestattetes Institut geplant.

Bohr war fest entschlossen, ein Haus für eine wissenschaftliche

Familie zu bauen. Sie hatte schon ihr erstes Mitglied. Im Herbst 1916 hatte sich bei ihm ein holländischer Student mit Namen Hendrik Anthony Kramers gemeldet. Er besaß exzellente mathematische Fähigkeiten und befand sich auf der Suche nach Arbeit in einem neutralen Land. Für Bohr, der nicht weiter auf die Hilfe seiner Frau rechnen konnte, kam er wie gerufen. Margarete war schwanger, und im November kam der erste von fünf Söhnen zur Welt: Christian. Bohr hatte nun zwei Familien zu versorgen. Er brauchte das gewünschte Haus und reichte seinen Antrag ein.

Als seine Bitte, ein Institut für theoretische Physik zu gründen, mit Hinweis auf die Schwierigkeiten – immerhin herrschte Krieg – nur »zur Kenntnis genommen wurde«, sah sich Bohr nach privater Hilfe um. Aage Berleme, ein alter Schulfreund, hatte für Bohrs Anliegen Verständnis. Berleme gründete ein Komitee und organisierte mit dessen Unterstützung eine private Sammelaktion. Er wies auf die Verantwortung neutraler Staaten und die wirtschaftliche (!) Bedeutung der Atomforschung hin und setzte den Bildungsminister unter Druck. Er erreichte auf diese Weise, daß am 1. November 1918 die Baugenehmigung erteilt wurde.

Inzwischen waren durch den ersten Weltkrieg neue Schwierigkeiten aufgetaucht. Die Planung des Institutes beruhte auf Vorkriegspreisen. Nun hatte die dänische Krone an Wert verloren, und die Preise für die Einrichtungen waren gestiegen. Als Retter griff die Carlsberg-Stiftung ein. Sie schloß die finanzielle Lücke, und das Institut konnte gebaut werden. Die Arbeiten wurden 1920 abgeschlossen, und im Januar 1921 zog Bohr in sein Haus ein. Seine erste Tätigkeit bestand darin, einen Brief an Rutherford zu schreiben, um ihn zur offiziellen Einweihung einzuladen. Sie fand im März 1921 in Anwesenheit des dänischen Ministerpräsidenten statt.

Bohr war nun mit 35 Jahren Direktor seines Institutes. Seinen Lebensstil änderte diese Position nicht. Sie gab ihm die finanzielle Sicherheit, die er von Jugend an gewöhnt war. Soziale Probleme tauchten nie in seinem Blickfeld auf, und gesellschaftliche Perspektiven konnten Bohr nie interessieren. Die Gesellschaft, in der er lebte, nahm er hin wie das Quantum der Wirkung. Bei den vielen Menschen, denen er in späteren Jahren geholfen hat, war er persönlich betroffen.

Die Bohrs bezogen eine Wohnung im ersten Stock des Instituts und hielten sie von Anfang an offen für die Mitarbeiter. So entstand von vornherein das Gefühl familiärer Zusammengehörigkeit. Bohr förderte private Kontakte. Er wollte wissenschaftliches und privates Leben nicht trennen. Man sollte sich im Laboratorium wohl fühlen wie zu Haus. In dieser Atmosphäre wurde Teamwork selbstverständlich. Hier entstand der Geist von Kopenhagen; Bohr fühlte sich in seinem Haus glücklich. In einem Brief an Paul Ehrenfest definierte er damals genauer, was er unter Glück verstand (Original auf deutsch):

»Die einzige Definition des Glückes, mit dem ich zufrieden bin, und deren Richtigkeit ich in manchen Verhältnissen sehr stark gefühlt habe, ist aber, dass es einem besser geht als er verdiene, und wie gut dass es in diesen Verhältnissen passt, brauche ich nicht näher zu sagen.« (B3)

Trotz dieses neuen Gefühls und aller Feierlichkeit hatte Bohr einen schlechten Start. Ende März mußte er seinen »Tribut an die Menschlichkeit zahlen«, wie Arnold Sommerfeld sich ausdrückte. Bohr war vollkommen erschöpft und sagte alle Einladungen und Verpflichtungen ab. Unter anderem verschob er eine Einladung, nach Göttingen zu kommen, um hier in der Hochburg der deutschen Mathematik und Physik seine neuesten Überlegungen vorzustellen, die als »Niels Bohrs zweite Atomtheorie« bezeichnet wurden und die er während der Bauphase des Institutes zu Papier gebracht hatte.

Bohr hatte bis zur Erschöpfung gearbeitet, weil trotz aller Erfolge der Quantenannahmen noch viele Fragen offenblieben. Im Grunde war die jetzige Situation quälender als die vor 1913. Damals gab es überhaupt keine Erklärung der Atome, heute kannte man eine Theorie, sie funktionierte wunderbar, man wußte jedoch den Grund nicht. Bohr vermutete, daß der entscheidende Schritt zum Verständnis noch vollzogen werden mußte.

Seit 1918 versuchte er immer wieder, »die verschiedenen Anwendungen [der neuen Theorie] unter einheitlichem Gesichtspunkt zu diskutieren und besonders die zugrunde liegenden An-

Die »Bohr-Festspiele« 1922 in Göttingen: Bohr (2. v. l.) mit Carl Wilhelm Oseen, James Franck, Oskar Klein und Max Born.

nahmen in ihren Beziehungen zur gewöhnlichen Mechanik und Elektrodynamik zu betrachten« (13). In seinen Arbeiten *Über die Quantentheorie der Linienspektren* spricht Bohr aus, was später als Korrespondenzprinzip bekannt wird. Jede Quantentheorie – so Bohr – muß in bestimmten Bereichen mit der klassischen Theorie übereinstimmen. Davon war er immer ausgegangen. Mathematisch ausgedrückt: Wenn das Quantum der Wirkung gleich Null gesetzt wird, dann müssen aus den neuen die alten Formeln werden.

Bohr strebte hiermit deutlich eine Versöhnung an. Die klassische Physik hatte doch bewundernswert in dem Größenbereich funktioniert, für den sie geschaffen worden war. Sie konnte Kugeln und Radiowellen handhaben, scheiterte aber an den Atomen – sie waren zu klein – und an den Röntgenstrahlen – ihre Frequenz war zu hoch. Die Quantentheorie des Lichtes – so das Korrespondenzprinzip in seiner einfachsten Form – mußte in die klassische Feldtheorie der Radiowellen übergehen können. Beide Theorien müssen bei kleinen Frequenzen miteinander korrespondieren.

Die versöhnliche Bewahrung der alten Formeln ist mehr als eine Verbeugung vor der klassischen Physik. Bohr sah keinen anderen Weg, die verborgenen atomaren Gesetzmäßigkeiten aufzuspüren, und es wurde auch keiner gefunden. Nur seine Idee konnte weiterhelfen. Das Korrespondenzprinzip wurde zu Beginn der zwanziger Jahre zum Zauberstab der theoretischen Physik. Erst als die vollständige Quanten*mechanik* vorlag, brauchte man es nicht mehr.

Bohr selbst benutzte diesen Zauberstab, um das periodische System der Elemente zu deuten, das am Ende des 19. Jahrhunderts entdeckt worden war. Darin konnten die chemischen Elemente in sieben Perioden angeordnet werden. Bohr gelang eine physikalische Begründung dieser Ordnung, indem er jedem Element ein Elektron mehr zuordnete als seinem Vorgänger. Beim schrittweisen Aufbau der dabei immer komplexer werdenden Elektronenanordnungen faßte er diese Bausteine in Gruppen (Ringen) zusammen, deren Auswahl er wie folgt begründete:

»Wir werden nämlich dazu geführt, unter den denkbaren Pro-

zessen, die man nach den Postulaten der Quantentheorie innerhalb des Atoms erwarten könnte, diejenigen auszuschließen, deren Auftreten mit der Forderung der Korrespondenz nicht vereinbar ist.« (10)

Tatsächlich gelang es Bohr mit seiner von Einstein gerühmten
Vereinigung aus kühnem intuitiven Erfassen und kritischem Ab-
wägen das Aufbauprinzip des periodischen Systems der Elemente zu finden. Damit hatte er eine chemische *Qualität* (ein bestimmter Stoff zu sein) auf eine physikalische *Quantität* (die Zahl
der Elektronen) zurückgeführt. Man verstand nun auch, warum
es zum Beispiel kein Element zwischen Natrium und Magnesium
geben kann. Bohrs Annahmen hatten wieder triumphiert. Wirklich verstehen konnte er sie selbst noch nicht.

Die dazu erforderliche schmerzhafte Geburt einer Quantenmechanik vollzog sich schließlich in zwei Schritten zwischen
1924 und 1926. Sie gelangen weder Bohr noch Einstein – obwohl
beide ihren Anteil daran hatten –, und sie gelangen weder in Berlin noch in Kopenhagen. Die Quantenmechanik kam an zwei
Ferienorten zur Welt: auf Helgoland und in Arosa. Die *zwei*fache
Fassung *einer* Wahrheit verstand als erster wieder Bohr. Er wurde
nun zum Philosophen, der er immer schon war.

»Ein Kunstwort wie Komplementarität«

Bohr-Festspiele

Als Niels Bohr seine ersten Arbeiten zur Atomtheorie veröffentlichte, fand er nicht nur Zustimmung. Bei allem Erfolg konnte nicht geleugnet werden, daß diese Art der Physik eher ein Ratespiel (wie muß man die klassischen Gleichungen durch Quantenbedingungen ergänzen, um zu einer Vorhersage zu gelangen, die experimentell zutrifft?) als ein Ganzes mit innerem Zusammenhang war. Dies wußte (neben Albert Einstein) niemand besser als Bohr selbst. Bohrs leidenschaftliche Versuche, einen festen Boden für den Aufbau einer Theorie zu bereiten, trafen oft auf wenig Verständnis, so daß Bohr sich vor 1920 oft »wissenschaftlich sehr einsam« fühlte (B4).

Zu Beginn der zwanziger Jahre hatte sich diese Einstellung deutlich gewandelt. Einmal wiesen immer mehr experimentelle Befunde darauf hin, daß Bohrs Ansatz richtig war. Zum anderen erschien Arnold Sommerfelds berühmtes Lehrbuch *Atombau und Spektrallinien*, in dem der Autor feststellte: »Für alle Zeiten wird die Theorie der Spektrallinien den Namen Bohrs tragen.« Sommerfeld feierte Bohr als »Direktor der Atomtheorie«. Er galt neben Einstein nun als der zweite große Mann der Physik, wenn damit im Sinne von Jacob Burckhardt ein Mann gemeint ist, »ohne welchen die Welt uns unvollständig schiene, weil bestimmte große Leistungen nur durch ihn [...] möglich waren und sonst undenkbar sind«.

Einsteins Ruhm war damals bereits ins Sagenhafte gewachsen, nicht nur unter Physikern, sondern auch in der Öffentlichkeit.

1919 war der experimentell-astronomische Nachweis für die von Einstein vorhergesagte Ablenkung eines Lichtstrahls durch das Schwerefeld der Sonne erbracht worden. Einstein stand nun in den Schlagzeilen der Presse. Auch Bohr blickte bewundernd auf ihn. Als 1922 beide gleichzeitig den Nobelpreis für Physik zugesprochen bekamen (Einstein rückwirkend für 1921), erschrak Bohr fast. In seinem Glückwunschbrief wies er Einstein darauf hin, wie wenig er diese Ehre verdient habe. Einstein befand sich damals auf einer Weltreise und antwortete aus Singapur:

»Lieber oder vielmehr geliebter Bohr! [...] Reizend finde ich Ihre Angst, Sie könnten den Preis vor mir bekommen – das ist ächt bohrisch. Ihre neuen Untersuchungen über das Atom haben mich auf der Reise begleitet und meine Liebe zu Ihrem Geist noch vergrößert.« (B5)

Bohr hatte mit seinem »freundlichen Jungen-Gesicht« auch Einstein für sich gewonnen. Er war bekannt dafür, daß er stets lächelte, wenn er etwas erklärte.

Im Alter von 37 Jahren stand er nun auf der Höhe seines Ruhmes. 1922 wurde ein wichtiges Jahr für ihn – nicht nur wegen der Ehrung in Stockholm und auch nicht, weil sein vierter Sohn Aage geboren wurde, der den Spuren seines Vaters folgte und 1975 mit dem Nobelpreis für Physik ausgezeichnet wurde. Entscheidend war vielmehr die Zusammenkunft mit dem Mann, der bald den ersten Durchbruch zur richtigen Quantenmechanik schaffen sollte. Im Frühjahr 1922 lernten sich Bohr und Werner Heisenberg kennen. Der 20jährige Heisenberg studierte damals im vierten Semester Physik bei Sommerfeld in München. Im Frühjahr war er nach Göttingen gefahren, um den »Bohr-Festspielen« beiwohnen zu können – so nannten die Physiker die Reihe von Vorträgen, die Bohr über die Theorie der Atomstruktur halten sollte.

Heisenberg beschrieb seinen ersten Eindruck von Bohr später in seinen Erinnerungen:

»Der dänische Physiker, der schon seiner Statur nach als Skandinavier zu erkennen war, stand mit leicht geneigtem Kopf freundlich und fast etwas verlegen lächelnd auf dem Podium [...] Bohr sprach ziemlich leise, mit weichem dänischem Akzent, und wenn er die einzelnen Annahmen seiner Theorie erklärte, so setzte er die Worte behutsam, sehr viel vorsichtiger, als wir es sonst von Sommerfeld gewohnt waren, und fast hinter jedem der sorgfältig formulierten Sätze wurden lange Gedankenreihen sichtbar, von denen nur der Anfang ausgesprochen wurde und deren Ende sich im Halbdunkel einer für mich sehr erregenden philosophischen Haltung verlor [...] was gesagt wurde, klang in Bohrs Mund anders als bei Sommerfeld. Es war ganz unmittelbar zu spüren, daß Bohr seine Resultate nicht durch Berechnungen und Beweise, sondern durch Einfühlen und Erraten gewonnen hatte und daß es ihm jetzt schwerfiel, sie vor der hohen Schule der Mathematik in Göttingen zu verteidigen.«

In seinen Göttinger Vorträgen von 1922 gab Bohr zu, daß die von ihm vorgestellte Theorie immer noch voller innerer Widersprüche stecke. Die Physiker seien aber durch das Experiment gezwungen worden, paradoxe Annahmen zu machen, um die Stabilität der Materie verstehen zu können. Dies beruhe auf unanschaulichen Atomen. Für die gebe es aber keine Sprache, denn die einzige, die wir hätten, sei an alltäglichen Dingen orientiert. Es komme entweder darauf an, neue Begriffe zu finden, die im mikroskopischen Bereich zutreffen, oder die alten besser zu verstehen und genauer zu verwenden.

Bohr betonte in Göttingen noch einmal den Bruch zwischen der klassischen Physik und der Quantentheorie, weil er hoffte, beide versöhnen zu können:

»Wir haben bisher zur Beschreibung der Naturerscheinungen nur die Begriffe, die durch die klassische Theorie ausgebildet sind, wie die Begriffe des Elektrons und der elektrischen und magnetischen Kräfte zur Verfügung, nehmen aber zugleich an, daß das Bild der klassischen Theorie nicht stichhaltig ist. Es fragt sich nun, ob es überhaupt möglich ist, die Begriffe der klassischen Theorie widerspruchslos mit der Quantentheorie zu vereinigen. Wir sind nicht in der Lage diese Frage zu entscheiden, hoffen aber, daß die Gedanken beider Theorien eine gewisse Realität besitzen.« (10)

Bohr wich offenen Fragen nicht aus und trug unter anderem die ersten Versuche vor, seine Quantenregeln auf komplizierte Systeme anzuwenden. Er wußte, daß noch viele Schwächen zu

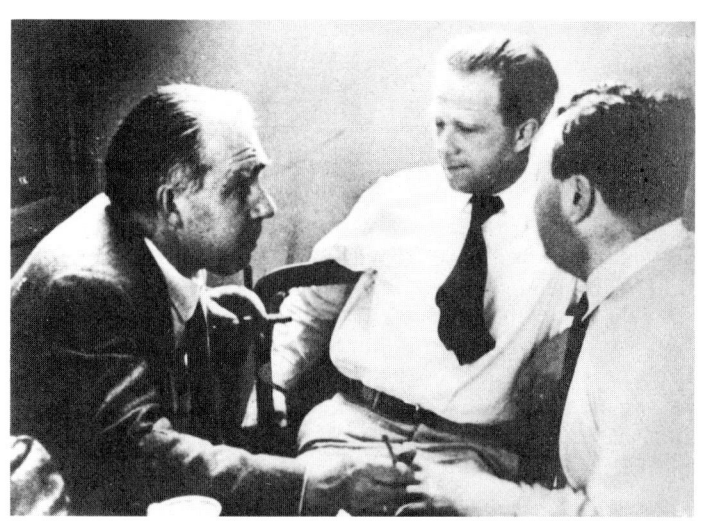

Niels Bohr im Gespräch mit Werner Heisenberg (Mitte) und Wolfgang Pauli (rechts).

überwinden waren, aber er blieb optimistisch. Der junge Student Heisenberg wagte ihm in einem Punkt zu widersprechen. Als Bohr spürte, wie genau sich Heisenberg mit Bohrs Modell und der Quantentheorie beschäftigt hatte, lud er ihn zu einem Spaziergang ein, um in Ruhe die anstehenden Fragen besprechen zu können: Mit diesem »Spaziergang hat [...] meine eigentliche wissenschaftliche Entwicklung [...] begonnen«, schrieb Heisenberg in *Der Teil und das Ganze*, seinen »Gesprächen im Umkreis der Atomphysik« (L9). Diese Entwicklung verlief nun rasch und erreichte bald einen Höhepunkt. Im Frühsommer 1925 gelang Heisenberg die erste Formulierung einer widerspruchsfreien Quantenmechanik. Was er fand, sah allerdings seltsam aus. Seine Umdeutung der mechanischen Größen ergab eine Theorie, die sich als richtig und schön erwies. Sie beschrieb aber die physikalischen Größen nicht mehr wie gewohnt. Bisher wurde etwa die Energie eines Teilchens durch eine einfache mathematische Funktion repräsentiert, die bestimmte Zahlenwerte – in den richtigen Einheiten – annehmen konnte. Heisenberg hatte nun gefunden, daß dies bei den Atomen nicht mehr ausreichte. Hier mußte zu komplizierteren Konstruktionen gegriffen werden, die in einem speziellen mathematischen Raum definiert waren. Mit anderen Worten, Heisenbergs Quantenmechanik beschrieb nicht mehr die Wirklichkeit. Seine mathematischen Symbole bildeten »nur das Mögliche, nicht das Faktische« ab (L9). Die meßbare Wirklichkeit konnte daraus berechnet werden.

Der doppelte Blick auf die atomare Bühne

Heisenbergs Durchbruch war der letzte Schritt auf dem Weg zum atomaren Verstehen. Er stand damit auf dem Gipfel. Sein Aufstieg war ohne die Zwischenstufe gelungen, über die bald ein zweiter Physiker – Erwin Schrödinger – zu Heisenberg aufschloß. Damit war die Quantenmechanik schließlich vollständig.

Im Jahre 1924 hatte der Franzose Louis Victor de Broglie in seiner Dissertation vorgeschlagen, daß die von Einstein für das Licht postulierte Dualität doppelt galt. Wie Lichtwellen auch partikulären Charakter offenbaren konnten, sollte auch mit jedem Teilchen eine Welle verbunden sein. Broglie schlug eine Beziehung für Elektronen vor, welche die Frequenz der Materiewelle durch ihren Impuls festlegte. Ursprünglich wollte er damit versuchen, die Quantisierung im Bohrschen Atom mit Hilfe stehender Wellen aus Elektronen zu erklären.

Natürlich beleidigte seine Vorstellung den gesunden Menschenverstand. Immerhin hatten die Elektronen eine nachweisbare Masse, und es schien unsinnig, damit eine Welle assoziieren zu wollen. (Die Materiewellen konnte man – 1927 im Experiment – nachweisen, ebenso die Erscheinung der Interferenz bei Elektronen.) Der Doktorvater von Broglie, Paul Langevin, sah 1924 nicht, wie diese Ideen eine Prüfungskommission passieren könnten, und wandte sich an Einstein um Hilfe. Einstein witterte sofort eine wichtige Entdeckung, er empfahl die Annahme der Arbeit und baute die Überlegung Broglies in seine nächste Publikation ein. Hierdurch lernte Schrödinger sie kennen, der nun versuchte, Atome als stehende Wellen zu beschreiben. Er suchte und fand eine Wellengleichung der Materie.

Schrödinger entwickelte seine grundlegende Gleichung – die Schrödingergleichung – im Dezember 1925, als er in Arosa Skiferien machte. Sein eigentliches Ziel bestand darin, die Quantisierung des Atoms durch besondere (klassisch verstandene) Welleneigenschaften deuten zu können. Er reichte seine Arbeit im Januar 1926 ein. Damit gab es zwei Formulierungen der atomaren Welt. Als kurz danach gezeigt werden konnte, daß beide Beschreibungen äquivalent waren – das heißt, daß sie unter identischen Voraussetzungen dieselben Vorhersagen lieferten –, wurde Bohr klar, daß der Dualismus eine tiefe Wahrheit enthielt. Es galt nun, dies genau zu verstehen und die entsprechenden Lehren anzunehmen.

Es war natürlich schwer zu verstehen, wie zwei so verschiedene Theorien zu identischen Ergebnissen führen konnten. Wenn die Diskussionen darüber schließlich zur Erschöpfung der Teilnehmer führten, heiterte Bohr sie mit der Geschichte des kleinen Jungen auf, der einen Laden betritt, um für einen

Penny gemischte Bonbons zu kaufen. Der Händler holt zwei Bonbons aus einem Glas und reicht sie dem Jungen mit der Bemerkung: »Hier, mischen kannst du sie selbst.«

An der Entwicklung der Quantenmechanik kann eindrucksvoll Bohrs Bereitschaft, immer wieder umzudenken, demonstriert werden. Ursprünglich hatte er der Dualität des Lichtes tief mißtraut. In dieser Hinsicht dachte Einstein weiter. Zur selben Zeit nämlich, als Broglie die duale Natur der Materie erklärte, unternahm Bohr einen Versuch, die des Lichtes zu widerlegen. Dazu mußte er allerdings radikal werden. Der Preis, den Bohr für die Ablehnung der Lichtquantenhypothese zu zahlen bereit war, bestand in der Gültigkeit des Energiesatzes. Bohr neigte 1924 (und dann noch einmal in einem anderen Zusammenhang zu Beginn der dreißiger Jahre) dazu, die Erhaltung der Energie nur statistisch und nicht für jede einzelne Reaktion als gewährleistet anzusehen. Der tiefere Grund für dieses Vorgehen lag in seinem Bestreben, eine möglichst große Anwendbarkeit der klassischen Physik zu erreichen. Bohr dachte, daß die statistische Betrachtung der Energieerhaltung wesentlich konservativer war als die Lichtquantenhypothese und ihre Konsequenz einer dualen Auffassung des Lichtes. Im Grunde folgte Bohrs Denken hier konservativen Wegen. Damals schien es vielen Physikern ein bequemer Ausweg zu sein, aus physikalischen Gesetzen Durchschnittsgesetze zu machen, die in mikroskopischen Bereichen ihre Gültigkeit verlieren. Wie sich zeigen sollte, war der Weg zu den Atomen mühsamer.

Bohr publizierte seine Überlegungen zum Energiesatz gemeinsam mit Hendrik Anthony Kramers und John Clarke Slater (B17). In diesem Zusammenhang reden die Physiker gern von der BKS-Theorie. Mit ihr sollte der Mechanismus der Lichtaussendung von Atomen verstanden werden. Bekannt und akzeptiert war, daß sich Elektronen in stationären Bahnen aufhalten und zwischen ihnen springen können. Im Bohrschen Modell von 1913 blieb unklar, wie die Elektronen ihren Zustand wechseln und wie lange etwa solch ein Vorgang dauert. Auf diese Schwierigkeit hatte Rutherford sofort hingewiesen, als er schrieb:

»Wie entscheidet ein Elektron, mit welcher Frequenz es schwingen muß, wenn es von einem stationären Zustand in den anderen übergeht? Mir scheint, daß Sie annehmen, daß das Elektron von vornherein weiß, wo es stoppen wird.« (B2)

Mit dieser Frage hat sich Bohr dann mehr als zehn Jahre beschäftigt und schließlich mit der BKS-Theorie eine Antwort versucht. Er scheiterte damit vollständig. Dabei ließ sich sogar der große Kritiker Wolfgang Pauli von der neuen Strahlungstheorie zunächst überzeugen, als er sich Ostern 1924 in Kopenhagen aufhielt. Im Herbst aber meldete sich sein »physikalisches Gewissen« – Pauli hatte inzwischen mit Einstein gesprochen –, und nun lehnte er Bohrs Auffassung ab:

»Natürlich handelt es sich dabei immer nur um Gefühlsargumente; logisch beweisen kann man da nichts, und auch die vorliegenden Erfahrungsergebnisse reichen nicht aus, um für oder gegen ihre Auffassung zu entscheiden.« (L16)

Darauf brauchte man aber nicht mehr lange zu warten. Die beiden Berliner Physiker Walter Bothe und Hans Geiger fanden bereits im Juni 1924 einen »Weg zur experimentellen Nachprüfung der Theorie von Bohr, Kramers und Slater« (L2). Voraussetzung war die Entwicklung leistungsfähiger Spitzenzähler durch Geiger, die Einzelereignisse registrieren konnten. Zwei solcher Zähler wurden in einem mit Wasserstoff gefüllten Gefäß aufgestellt und zwischen sie ein Röntgenstrahl eingeleitet, der gestreut wurde. Ein Zähler erfaßte die abgelenkten Elektronen, der zweite die entsprechenden Strahlungsquanten, die damit koinzidierten. Durch eine geeignete Schaltung konnte Anfang 1925 geprüft werden, ob im einzelnen atomaren Prozeß der Energiesatz gültig bleibt oder ob er verletzt werden kann.

Die Auswertung der Ergebnisse zeigte eine eindeutige Abhängigkeit zwischen den Elektronen und den gestreuten Lichtquanten. Der Energiesatz galt in jedem einzelnen Fall, und der Begriff des Lichtquants mußte einen höheren Wahrheitsgehalt besitzen, als Bohr in der BKS-Theorie annehmen wollte. In diesem Fall triumphierte Einstein über Bohr, der aber keineswegs enttäuscht war. Im Gegenteil! Bohr wußte nun, daß die Natur nicht so beschaffen war, wie es seinem Denken angenehm war. Er nahm ihre

Antwort ernst, gab weitere Denkgewohnheiten auf und versuchte sich noch intensiver »in die Mystik der Natur einzuleben«. Er war »auf alle Eventualitäten« vorbereitet (B6).

Bohr schrieb dies im April 1925 an Heisenberg, der damals Privatdozent in Göttingen war. Einen Monat später erkrankte Heisenberg an Heufieber. Um sich auszukurieren, reiste er für zwei Wochen nach Helgoland. Ohne äußere Ablenkung kam er hier mit den Quantenproblemen rasch voran. Dabei war es vor allem der in allen Einzelheiten bestätigte Energiesatz, der ihn auf seinem Weg in die atomare Welt leitete. Rückblickend kann man sagen, daß Heisenberg dabei war, eine Physik zu formulieren, in der nur experimentell zugängliche Größen eine Rolle spielen. Die Bahnen der Elektronen zum Beispiel konnten nicht beobachtet werden, nur die Frequenzen des Lichtes, welches ein Atom aussandte. Er konzipierte ein neues mathematisches Schema, um die Bohrschen Quantenbedingungen entsprechend umzuformulieren. Ihm war dank des Scheiterns der BKS-Theorie klar, daß »ohne den Energiesatz das ganze Schema wertlos wäre«, und »so konzentrierte sich meine Arbeit immer mehr auf die Frage nach [seiner] Gültigkeit« (L9). Als sich nach langer Rechnung der Energiesatz in all seinen Gliedern als gültig erwiesen hatte, »konnte ich an der mathematischen Widerspruchsfreiheit und Geschlossenheit der damit angedeuteten Quantenmechanik nicht mehr zweifeln« (L9).

Heisenberg hatte den Grund zu einem geschlossenen mathematischen Gebäude gelegt, das alle Erfahrungen der Atomphysik in sich aufnehmen konnte. Es wurde in den Monaten nach seiner Rückkehr in Göttingen unter Mitwirkung von Max Born und Pascual Jordan errichtet und heißt heute Matrixmechanik. Damit gab es eine erste mathematische Sprache, mit der atomare Vorkommnisse beschrieben werden konnten. Das heißt, die stationären Zustände der Elektronen und die Übergangswahrscheinlichkeiten zwischen ihnen konnten widerspruchsfrei ausgerechnet werden. Bohr sah sofort, daß diese mathematische Sprache nicht gebraucht werden konnte, um die Experimente zu beschreiben. Dies geschah in der gewöhnlichen Sprache, die die Begriffe der klassischen Physik verwendet. Er begann, wieder

über den Zusammenhang zwischen den beiden Sprachen nachzudenken. Die Richtung, in der er eine Lösung suchen mußte,
wurde durch die Entdeckung der Wellenmechanik deutlich.
Schrödinger präsentierte 1926 ein zweites widerspruchsfreies
mathematisches Schema der atomaren Vorgänge, das zudem
völlig äquivalent zu Heisenbergs Formulierung war (L10). Unter dem Eindruck dieser mathematischen Triumphe rückte der
Dualismus nun endgültig in das Zentrum seiner Überlegungen.
Immerhin gab es *zwei* Theorien *einer* Wirklichkeit, und beide be-
tonten einen der beiden Aspekte: Die Wellenmechanik Schrödin-
gers erfaßte den Wellencharakter atomarer Vorgänge, und die
Matrixmechanik Heisenbergs betonte die partikulären Aspekte
der atomaren Realität. Bohr begriff, daß beide richtig waren und
beide verwendet werden mußten. Es galt, den Welle-Teilchen-
Dualismus zu versöhnen und den konzeptionellen Rahmen zu
finden, in dem das möglich war.

Die Kopenhagener Deutung

Im Sommer 1925 hatte Bohr zugeben müssen, daß die Dualität
der atomaren Materie besteht. Die Frage etwa, ob Licht aus Par-
tikeln besteht oder sich wellenartig verhält, war unentscheidbar.
Bohr war von nun an auf eine durchgreifende Revision der Begriffe bedacht, die die Physiker verwendeten. In den kommenden
zwei Jahren publizierte er nichts. Seine Arbeitskraft widmete er
den Gesprächen, die er in Kopenhagen vor allem mit Heisenberg
und Pauli führte. Außerdem entwickelten Bohr und seine
Freunde ihre Gedanken in Briefen. In ihnen dokumentiert sich
heute ein großer Teil der Geschichte der modernen Physik (L16).
   Bohr hatte am deutlichsten erkannt, daß die Physiker auf dem
Weg in die atomare Welt in eine neuartige Situation geraten waren. Sie konnten nicht mehr mit anschaulichen Begriffen beschreiben, was ein Elektron war. Konnte man das überhaupt erwarten? Atome waren doch Objekte, die nicht zum Bereich unserer Sinneserfahrung gehören, und nur für den haben sich doch
die Begriffe der Alltagssprache gebildet, unter denen wir uns et-

was vorstellen können. Bei atomaren Prozessen wurden auch Eigentümlichkeiten gefunden, die den gewöhnlichen physikalischen Konzepten unerklärbar bleiben; die begrenzte Teilbarkeit der mechanischen Prozesse etwa, die sich im Quantum der Wirkung niederschlägt.

Mit der mathematischen Errichtung der Quantenmechanik waren die Schwierigkeiten nicht überwunden. Im Gegenteil. Nun erst begannen sie. Wie die Theorie selbst in zwei Versionen auftrat, so teilten sich auch die Physiker selbst in zwei Gruppen. Die klassische Gruppe wollte nicht glauben, daß mit der Wellengleichung und der Matrizenformulierung das letzte Wort über die Atome gesprochen sei. Schrödinger selbst argumentierte so. Er hatte von Anfang an gehofft, die »verdammte Quantenspringerei« loszuwerden, um zu einem kontinuierlich ablaufenden atomaren Geschehen zurückzufinden.

Bohr konnte eine solche Haltung nicht verstehen. Ihr stand die Existenz des Wirkungsquantums entgegen. Die atomare Unstetigkeit gab es doch wirklich. Um zu einer Klärung dieser Meinungsverschiedenheit zu kommen, lud Bohr Schrödinger im September 1926 nach Kopenhagen ein. Die Diskussion begann schon am Bahnhof und hörte auch dann nicht auf, als Schrödinger krank wurde. Bohr setzte sich auf die Bettkante und versuchte den Patienten davon zu überzeugen, daß es keine Wahl gab. Auf eine raum-zeitliche Beschreibung der Atome mußte verzichtet werden.

Schrödinger war bei den Kopenhagener Diskussionen 40 Jahre alt, also zwei Jahre jünger als Bohr. Wie sich bald herausstellte, war dieses Alter (also die Jahrgänge nach 1885) die Scheidegrenze. Wer älter war – Einstein zum Beispiel wurde 1879 geboren –, lehnte eine radikale Deutung der Quantentheorie ab, blieb im Herzen klassischer Physiker. Schrödinger als der Jüngste kann vielleicht als der letzte klassische Physiker bezeichnet werden. Bohr war dann der erste Quantenphysiker. Auf seiner Seite argumentierten Heisenberg und Pauli. Als sie ihre fundamentalen Beiträge lieferten, waren sie noch so jung, daß man manchmal von der Kinderphysik der zwanziger Jahre spricht.

Um Klarheit über die aufgestellte Theorie der Atome zu ge-

Niels Bohr und Max Planck 1930 in Kopenhagen.

winnen, wandte sich Bohr an Heisenberg, der im Mai 1926 nach Kopenhagen zog, um eine physikalische Deutung der Quantenmechanik zu versuchen. Er wohnte im Institut; so konnte bis in die Nacht diskutiert werden. In den Monaten bis zum Februar 1927 kam es zu vielen langen und intensiven Diskussionen, die beide Physiker an den Rand der Erschöpfung brachten. Bohr brach schließlich zu einem vierwöchigen Skiurlaub nach Norwegen auf – es wurden die längsten Ferien seines Lebens –, und Heisenberg blieb allein in Kopenhagen zurück. In Norwegen kam Bohr dann die entscheidende Idee zur Deutung der Quantenmechanik. Ihm fiel auf, daß mit den verschiedenen sich widersprechenden Bildern (Welle und Teilchen) nicht dieselben Phänomene beschrieben werden. Vielmehr teilt man mit ihrer Hilfe Erfahrungen mit, die unter Versuchsbedingungen gemacht worden sind, die sich gegenseitig ausschlossen. Bohr schlug vor, solche Erfahrungen als »komplementär« zu bezeichnen. Sein neuer konzeptioneller Rahmen war gefunden.

In seiner allgemeinen Form kann man die Idee der Komplementarität folgendermaßen beschreiben: Beobachtungen werden durch experimentelle Anordnungen definiert. Einige dieser Anordnungen können nicht gleichzeitig angewendet werden. Die in diesen Versuchen gemachten Erfahrungen stehen in einer komplementären Beziehung zueinander. Jede einzelne stellt einen gleichwertigen Aspekt der vollständigen Information dar, die erhalten werden kann. Um dies am Beispiel von Welle und Teilchen zu verdeutlichen: Welle und Teilchen sind zwei Bilder, die sich einerseits gegenseitig ausschließen – wenn das eine angewandt wird, kann nicht zugleich das andere angewandt werden –, die sich andererseits aber auch bedingen; keines der beiden Bilder genügt für sich allein. Die Wirklichkeit, die die Quantentheorie beschreibt, können wir uns prinzipiell nicht mehr anschaulich vorstellen. Sie muß deshalb durch zwei zueinander komplementäre Bilder beschrieben werden.

Als Bohr mit dieser Denkfigur aus dem Skiurlaub nach Kopenhagen zurückkehrte, legte ihm Heisenberg ein Manuskript vor, das seine Interpretation der Quantenmechanik enthielt. Heisenberg beschrieb darin zum erstenmal die heute als Unbestimmtheitsrelationen bekannten Beziehungen. (Er hatte das Manuskript an die *Zeitschrift für Physik* abgeschickt, *bevor* Bohr es lesen konnte. Heisenberg wußte, daß andernfalls noch mehrere Monate mit schwierigen Diskussionen vergangen wären, bevor Bohr zufrieden gewesen wäre. Heisenberg riskierte lieber eine kleine Verärgerung.) Heisenberg hat beschrieben, wie er auf diese Deutung kam und was die Relationen bedeuten (L9). Er überlegte, wie die von den quantenmechanischen Gleichungen beschriebene Bewegung eines Elektrons mit der tatsächlich (etwa in einer sogenannten Nebelkammer) beobachteten Bahn zusammenhängt. Wie konnte man diese sichtbare Bahn mathematisch darstellen?

Ihm fiel auf, daß man in einem Nebelkammerexperiment zum Beispiel gar nicht die Bahn des Elektrons wahrnimmt. Vielmehr werden Wassertropfen registriert, und diese sind mit Sicherheit wesentlich ausgedehnter als Elektronen. Ein Versuch liefert also keine Elektronenbahn, sondern eine diskrete Folge von ungenau bestimmten Orten eines Elektrons. Also war die oben gestellte Frage falsch. Richtig mußte sie lauten:

»Kann man in der Quantenmechanik eine Situation darstellen, in der sich ein Elektron ungefähr – das heißt mit einer gewissen Ungenauigkeit – an einem gegebenen Ort befindet und dabei ungefähr – das heißt wieder mit einer gewissen Ungenauigkeit – eine vorgegebene Geschwindigkeit besitzt, und kann man diese Ungenauigkeit so gering machen, daß man nicht in Schwierigkeiten mit dem Experiment gerät?«

»Eine kurze Rechnung« – wie Heisenberg sich bescheiden ausdrückte – machte ihm dann klar:

»Das Produkt der Unbestimmtheiten für Ort und Bewegungsgröße (unter Bewegungsgröße versteht man das Produkt aus Masse und Geschwindigkeit) kann nicht kleiner als das Plancksche Wirkungsquantum sein.« (L9)

Heisenberg hatte die Unbestimmtheitsrelationen entdeckt.

Da die Idee der Komplementarität und die Unbestimmtheitsrelationen bei ihrer Anwendung auf physikalische Situationen beziehungsweise Experimente immer zu den gleichen Schlußfolgerungen führen, hat man sich darauf geeinigt, die 1927 gegebene Interpretation der Quantenmechanik als die Kopenhagener Deutung zu bezeichnen. Es gibt aber keinen verbindlichen Text, in dem sie niedergelegt ist. Bohr und Heisenberg haben viel miteinander gesprochen, aber nie etwas gemeinsam publiziert (L8).

Ein Grund dafür liegt sicher darin, daß es in den Gesprächen um philosophische (nicht um physikalische) Fragen ging, die nie schlüssig zu beantworten waren. In der Tat stellt die Kopenhagener Deutung eine Neufassung der Idee der Kausalität dar. Zwar waren die Gleichungen der Quantenmechanik immer noch deterministisch – das heißt, wenn etwa die Wellenfunktion zu einem gegebenen Zeitpunkt bekannt war, dann konnte ihr Wert für einen zukünftigen Zeitpunkt berechnet werden –, aber die hierin benutzten Größen beschrieben nicht mehr einen in unserer Wirklichkeit vorkommenden Zustand. Bohr selbst hat die Komplementarität als angemessene Erweiterung der Kausalität angeboten und darauf in der ersten öffentlichen Erwähnung seiner philosophischen Konzeption hingewiesen.

Im Herbst 1927 sprach er auf einer Physikertagung in Como, die dem Andenken an Allessandro Volta gewidmet war. Bohr hatte den ganzen Sommer über intensiv an dem Manuskript seiner Rede gearbeitet, immer wieder neue Fassungen diktiert und die alten verworfen. Dies war bei Bohr ein quälend langsamer Prozeß, der vermutlich mehr Schaden als Nutzen bewirkte. Bohr drehte und wendete seine Formulierungen so lange, bis er sicher war, daß sie nicht zu widerlegen waren. Er entschuldigte sich bei den Zuhörern: Alles, was er sage, sei nicht affirmativ gemeint, man dürfe seine Formulierungen nur als Frage verstehen.

So verunglückte der erste Satz, mit dem sein neuer Begriff Komplementarität vorgestellt wurde. Das entscheidende Wort erscheint unvermittelt, es ist versteckt und kaum zu erkennen. Komplementarität wird weder definiert noch als wichtig hervorgehoben:

»Nach dem Wesen der Quantentheorie müssen wir uns also damit begnügen, die Raum-Zeit-Darstellung und die Forderung der Kausalität, deren Vereinigung für die klassischen Theorien kennzeichnend ist, als komplementäre, aber einander ausschließende Züge der Beschreibung des Inhalts der Erfahrung aufzufassen, die die Idealisation der Beobachtungs- bzw. Definitionsmöglichkeiten symbolisieren.« (20, 24, 39)

Max Delbrück, einer der späteren Mitarbeiter von Niels Bohr, wurde einmal beim Lesen eines Bohr-Manuskriptes voller übermäßig langer Sätze so gereizt, daß er ihm »ein Verbrechen am Lesepublikum« (B7) vorwarf; was Bohr da treibe, sei sinnlos. Niemand könne jemals aus den Texten herausholen, was er alles hineingesteckt habe. Bohr ließ durch seinen Mitarbeiter Léon Rosenfeld darauf hinweisen, daß es keinen »Königsweg« zu seinen Gedanken gäbe.

Man kann versuchen, einfacher zu sagen, was Bohr mit dem zitierten Satz ausdrücken wollte: Was in einem Experiment geschieht, wird von uns hergestellt und registriert. Es muß davon also eine Raum-Zeit-Beschreibung geben. Zu einem Experiment gehört auch die gewohnte Kausalität; denn wie sollten wir sonst aus dem Meßergebnis auf den Zustand des untersuchten Objekts schließen? Im Rahmen der klassischen Physik sind beide Bedingungen miteinander vereinbar, in der Quantentheorie hingegen sind Kausalität und Raum-Zeit-Beschreibung komplementär zueinander. Dies zeigen die Erfahrungen, die mit den Experimenten an atomaren Bausteinen unternommen worden sind. Soweit Bohr.

Dazu stellt sich nun die Frage nach der Ursache. Die Antwort steckt nach Bohr in der Unteilbarkeit (Individualität) des Quantums und in der sich daraus ergebenden Irreversibilität des Beobachtungsvorgangs. Die Situation, zu der Bohr das Komplementaritätsargument lieferte, können wir wie folgt beschreiben:

1. Atomare Geschehnisse werden in der Sprache wiedergegeben, die die Apparate beschreibt, mit der sie gemessen worden sind. Dies ist die Sprache der klassischen Physik mit ihren anschaulichen Begriffen.

2. Ein atomarer Vorgang – also ein Vorgang in der Größenordnung des Wirkungsquantums – wird erst beobachtbar, wenn er durch nicht umkehrbare Prozesse verstärkt worden ist (etwa das Ticken eines Zählers oder die Spur auf einer photographi-

schen Platte). Dadurch wird jede Beobachtung ein abgeschlossenes Ganzes.

3. Jede Beobachtung eines atomaren Ereignisses wird somit durch eine Unteilbarkeit (Individualität) charakterisiert, durch die sich einige Aspekte der Wechselwirkung von Objekt und Apparat notwendigerweise der Kontrolle entziehen. Wenn wir also atomare Vorgänge beschreiben, dann sprechen wir über individuelle Prozesse, die von den sie erfassenden Meßapparaturen nicht getrennt werden können.

4. Einige dieser Anordnungen schließen sich gegenseitig in ihrer Anwendung aus. Der abstrakte Formalismus der Quantenmechanik ist ein Schema, welches statistische Vorhersagen eines Versuches mit Informationen ermöglicht, die zuvor in anderen Experimenten gewonnen worden waren.

Wir können nicht sagen, ob Bohr dieser Formulierung zugestimmt hätte. Wahrscheinlich hätte er sie abgelehnt und mit einer stundenlangen Diskussion begonnen, wie sie umzuschreiben sei. Bohr behauptete stets, daß sowohl seine Freunde als auch seine Gegner nicht verstünden, was er mit der komplementären Sicht der Dinge meine. Vor allem die Philosophen sollen ihn nicht verstanden haben (L6). So bemühte er sich in seinen letzten Lebensjahren immer wieder um neue Formulierungen und bessere Beispiele. Dabei war ihm klar, daß hier nicht nur ein Problem der Physik vorlag. Hier mußten ganz allgemeine Prinzipien des menschlichen Erkennens gelernt werden. Das Konzept der Komplementarität hängt direkt mit dem Problem der Sprache zusammen. Dies wurde ihm bewußt, als er Ende 1927 aus Como zurückgekehrt war und auf einer Segeltour alten Schul- und Studienfreunden von der neuen Idee der Komplementarität erzählte. »Das ist ja alles gut und schön, Bohr«, sollen sie ihm geantwortet haben, »aber du kannst doch nicht bestreiten, daß du das alles vor zwanzig Jahren auch schon gesagt hast.« (L14, L19)

Mit anderen Worten: Bohrs Denkfigur Komplementarität war älter als das physikalische Modell, auf das er sie anwenden wollte. Komplementarität ist offenbar eine ganz allgemeine Erfahrung, die man beim Denken machen kann. 1929 beschrieb

Bohr seine Idee in einem Vortrag in Kopenhagen, der zwei Jahre später unter dem Titel *Atomtheorie und Naturbeschreibung* auf deutsch erschien:

»Übrigens ist die Absicht mit einem solchen Kunstworte [wie Komplementarität], im weitest möglichen Umfange eine Wiederholung des allgemeinen Arguments zu vermeiden, sowie auch beständig an die Schwierigkeiten zu erinnern, die [...] davon herrühren, daß alle gewöhnlichen Worte der Sprache von unseren gewohnten Anschauungsformen geprägt sind, von deren Standpunkt aus die Existenz eines Wirkungsquantums eine Irrationalität ist. Infolge dieser Situation verlieren ja selbst Wörter wie sein und wissen ihren eindeutigen Sinn. Ein interessantes Beispiel für die Zweideutigkeit des Sprachgebrauchs in der besprochenen Verbindung ist die Redensart, nach welcher das Versagen der Kausalitätsbeschreibung dadurch ausgedrückt wird, daß man von freier Wahl von seiten der Natur redet. Eigentlich fordert ja eine solche Redensart eine Vorstellung von einem außenstehenden Wähler, was doch schon durch den Gebrauch des Wortes Natur verneint wird. Wir werden hier vor einen Grundzug in dem allgemeinen Erkenntnisproblem gestellt, und wir müssen uns klarmachen, daß wir dem Wesen der Sache nach letzten Endes immer darauf angewiesen sind, uns durch ein Gemälde von Worten, die in unanalysierter Weise gebraucht werden, auszudrücken.« (24)

So versteht man, warum Bohr Skrupel hatte, sich direkt und einfach auszudrücken, und warum er immer die harten Behauptungen hinter weichen Formulierungen versteckte. Beim Reden kam Bohr nur zögernd voran. Und bei den wichtigsten Aussagen hielt er auch noch die Hände vor den Mund. Er hatte Hemmungen zu reden, wenn er die Wahrheit sagen wollte. Schließlich, so meinte Bohr, ist jedes Wort eine Improvisation, eine Übertreibung und eigentlich eine Lüge. Wahrheit und Klarheit, sie sind komplementär zueinander. Wir können nichts genau sagen, und doch müssen wir reden.

Bohr wurde die mit dem Wort Komplementarität gemeinte Denkerfahrung zur natürlichen Denkform. Mit ihr versuchte er immer, Gegensätze zu komplementären Standpunkten zu ver-

söhnen. So beendete Bohr seinen Vortrag von 1929 mit dem Hinweis auf eine grundlegende Komplementarität unserer Existenz:
»Vielleicht mag als Entschuldigung dafür, daß ein Physiker solche [allgemein philosophischen] Fragen berührt, der Umstand dienen, daß die in der Physik vorliegende neue Situation uns so eindringlich an die alte Wahrheit erinnert, daß wir sowohl Zuschauer als auch Mitspieler in dem großen Schauspiel des Daseins sind.«

Der Geist von Kopenhagen

Es ist immer einfach, ein Ganzes in Teilen darzustellen. Auch in Bohrs wissenschaftlichem Leben kann man Perioden entdecken und sich jeder einzelnen zuwenden. Mit dem ersten Vortrag 1929 über die Lektionen der Atome kam die zweite von vier Phasen zu ihrem Abschluß. Die erste Periode hatte 1912 bei Rutherford in Manchester begonnen und zehn Jahre später am Blegdamsvej geendet. In dieser Zeit war es gelungen, die Stabilität der Elemente und ihre Anordnung in einem Periodensystem in den theoretisch-physikalischen Griff zu bekommen. Der Triumph dieser Phase bestand darin, daß man die Besonderheit einer chemischen Substanz, ihre Qualität, auf die Zahl der Elektronen in einem Atom reduzieren konnte, auf eine Quantität also.

Das Verständnis des Erfolges gelang in der zweiten Periode. In ihr entstand die Quantenmechanik, und eine Deutung dieser Theorie wurde erarbeitet. Im dritten Teil – er reichte bis zum Ausbruch des zweiten Weltkriegs – standen (philosophisch) die Lehren dieser Interpretation und (physikalisch) die Struktur des Atomkerns im Mittelpunkt. In der abschließenden Phase wird Bohr zum geistigen und moralischen Oberhaupt der Physiker.

Während die erste Periode durch drei monumentale Publikationen Bohrs – seine Trilogie – bestimmt wurde, konzentrierte Bohr sich in der zweiten Phase auf die Anregung einer internationalen Zusammenarbeit. Bohr ermöglichte in seinem Institut den Geist von Kopenhagen. Seine Mitarbeiter gingen ungewöhnlich offen, fröhlich und respektlos miteinander um; sie liebten ihren

Lehrer und bewunderten ihn »grenzenlos« (L24). Bohr über-
wand die Trennung von privatem Bereich und Wissenschaft. Er
hielt seine Wohnung für alle Mitarbeiter offen, und man diskutierte bis spät in die Nacht, versorgt mit belegten Broten aus
Margaretes Küche. Man gehörte und blieb zusammen.

Bohr arbeitete mit einem Assistenten und überließ die Mitarbeiter des Institutes tagsüber ihren Interessen. Wenn er aus-
giebig mit jemandem diskutieren wollte, lud er ihn zu einer Fuß-
wanderung ein. Dabei sprach er auch über die nichtwissenschaft-
lichen Seiten des Lebens. Bohr lehnte es ab, nur über Physik zu
sprechen.

Wer Mitte der zwanziger Jahre nicht in Kopenhagen war oder
keinen Kontakt zum dortigen Institut hatte, kam – was die Entwicklung der Physik anging – rasch ins Hintertreffen. Jede Arbeit, die publiziert wurde, war zuvor als Manuskript in Kopenhagen herumgereicht worden. Zum Zeitpunkt des Erscheinens
zirkulierte bereits die erweiterte oder ergänzte Fassung. Die
neuesten Informationen steckten entweder in solchen vervielfäl-
tigten Texten – oder in Briefen. Besonders Pauli, der Bohr philosophisch sehr nahe stand, aber in Zürich lebte, beeinflußte so die
Physikgeschichte (L16).

Diese Situation – und die Theorie selbst – konnte nur ausge-
halten werden, wenn man offen miteinander umging und verrückt genug war, denn – wie Bohr zu sagen pflegte – wer beim
Nachdenken über die Quantentheorie nicht verrückt wird, der
hat noch nichts von ihr verstanden.

Die Anspannung machte sich oft in Witzen Luft. Besonders
zwei Russen heckten in Kopenhagen fast täglich neue praktische
Scherze aus und hielten den Kopenhagener Geist wach: George
Gamow und Lew Landau. Bei Landau kam es vor, daß er sich
während einer Diskussion auf den Boden legte, um sich auszu-
strecken. Bohr fühlte sich dadurch nicht eingeschränkt – er
beugte sich einfach tiefer. Gamow, der Hüte in flüssiges Helium
steckte und anschließend zertrümmerte, um Bruchstücke davon
als Postkarten verschicken zu können, überredete Bohr eines Tages zu einem Kinobesuch. Man sah einen amerikanischen Wild-
westfilm und diskutierte anschließend, wieso immer der gute

Held den Bösewicht erlegt, wenn es zum Shoot-out kommt. Bohr
wußte eine Antwort: »Weil der Gute nicht denken muß!« Gamow
wollte das überprüfen, kaufte zwei Spielzeugpistolen, händigte
eine davon Bohr aus und band sich die zweite selbst um. Während sie nun über Physik diskutierten, versuchte Gamow, Bohr
»abzuknallen«. Doch Bohr kam ihm stets zuvor, wenn Gamow
seine Waffe ziehen wollte. Bohr erklärte das so: Eine Person, die
sich vornimmt zu handeln, die also denkt, agiert langsamer als
eine Person, die reagieren kann, ohne nachzudenken.

Schließlich hatte Bohr aber an den Wildwestfilmen doch etwas
auszusetzen:

»Das ist doch alles zu unwahrscheinlich! Also, daß der Bösewicht mit dem hübschesten Mädchen davonläuft, das ist logisch.
Daß die Brücke unter ihrer Last zusammenbricht, ist zwar unwahrscheinlich, kann aber akzeptiert werden. Daß die hübsche
Heldin mitten über dem Abgrund hängenbleibt, das ist noch un-
wahrscheinlicher, aber ich akzeptiere auch das. Ich nehme sogar
auch noch hin, daß gerade in diesem Moment Tom Mix auf seinem Pferd daherkommt. Was aber mehr ist, als ich akzeptieren
kann, das ist die Tatsache, daß genau in diesem Moment und an
dieser Stelle ein Kerl mit einer Filmkamera steht, der das alles
aufnimmt.« (L20)

Aus dieser Zeit sind einige Geschichten überliefert, die Bohr
seinen Kindern zu erzählen pflegte. Eine der schönsten spielt mit
der Unzulänglichkeit der alltäglichen Formulierungen und er-
zählt davon, was passieren kann, wenn man nicht genau aufpaßt.
Bohr behauptete, eine Katze habe drei Schwänze, und er versprach den Beweis. Er verlief so: Keine Katze hat zwei
Schwänze. Richtig! Eine Katze hat einen Schwanz mehr als keine
Katze. Richtig! Also hat eine Katze drei Schwänze. Richtig? Es
wird berichtet (L20), daß einer von Bohrs Söhnen daraufhin
seine leere Hand ausgestreckt habe: »Hier ist keine Katze, Papa.
Wo sind nun die zwei Schwänze?«

In den zwanziger Jahren wohnte Bohr mit seiner Familie immer noch im Institut. 1924 hatte er in Tisvilde ein Landhäuschen
(Lynghuset) erworben, in das er sich oft mit einem Assistenten
zurückzog. Bohr arbeitete mit ihm in einem kleinen Pavillon

neben dem Lynghuset. Tisvilde diente oft als Ausgangspunkt von gemeinsamen Fußwanderungen oder Segeltouren. 1931 wurde Bohr dann eine besondere Würdigung zuteil. Er wurde eingeladen, im »Haus der Ehre« zu wohnen. Dieses in pompejanischer Tradition gebaute Schlößchen – es gehört der Carlsberg-Stiftung – stellt Dänemark seinem jeweils bedeutendsten Bürger zur Verfügung. Bohrs Vorgänger war sein philosophischer Lehrer Harald Höffding. Auch als Schloßherr änderte Bohr sein Leben nicht. Nur der Ort hatte sich geändert: Jetzt diskutierte er mit seinen Mitarbeitern nicht mehr in Zimmern, jetzt traf man sich in einem Saal.

Ende der zwanziger Jahre begannen auch die Kopenhagener Konferenzen, die Carl Friedrich von Weizsäcker als die »wissenschaftlich fruchtbarsten und im Verlauf humansten Tagungen« bezeichnet hat, an denen er teilgenommen habe. Eingeladen von Bohr wurden Freunde und Schüler, von denen jeder aufgefordert war, Mitarbeiter eigener Wahl mitzubringen. Besprochen wurde, was noch nicht verstanden war. Es gab doppelt so viele Stunden Zeit wie Teilnehmer, also konnte jedes Problem ausführlicher diskutiert werden.

Wie es dabei zuging, hat Weizsäcker so beschrieben: Bohr hielt »ein Grundsatzreferat über die aktuellen Schwierigkeiten der Atomtheorie. Ich erinnere mich des Inhalts nicht, wohl aber der Frustration der Teilnehmer über die nun doch schon lange bekannte Unverständlichkeit seines Redens. Mit leidendem Gesicht, schräggehaltenem Kopf stammelte er unvollständige Sätze – nicht einmal die Sprache, die er benutzte, blieb konstant; sie schwankte zwischen Deutsch, Englisch und Dänisch – und wenn es ganz wichtig wurde, murmelte er, die Hände vors Gesicht gepreßt. Wir bösen Buben sagten, er kenne nur drei mathematische Symbole, die Zeichen für: ›viel größer als‹, ›viel kleiner als‹, ›ungefähr gleich‹. An jenem Tag hatte er eine Weile in der rechten Hand die Kreide, in der linken Hand den Schwamm. Er schrieb Formeln mit der Rechten und wischte sie mit der linken alsbald wieder aus. Plötzlich ertönte aus dem Auditorium die energische Stimme seines alten Freundes Paul Ehrenfest: ›Bohr!‹ Erschrocken wandte Bohr sich zu ihm um. ›Bohr! Gib den Schwamm her!‹ Mit gequältem Lächeln überreichte ihm Bohr den Schwamm, und Ehrenfest hielt ihn während des Rests des Vortrags fest auf seinen Knien.

Aber wenn dann ein anderer – Heisenberg, Dirac, Pauli etwa – ein Referat hielt, unterbrach ihn Bohr mit Fragen, eingehüllt in das Zuckerbrot seiner hilflos freundlichen Redensarten: ›Das ist ja sehr interessant!‹ ›Ich meine, nicht um zu kritisieren, nur um zu lernen muß ich fragen: [...]‹ ›Wir sind ja viel mehr einig als Sie denken.‹ (Bei ganz dummen Menschen sagte er resigniert nur noch ›O, sehr, sehr‹.) Und dann wurde im Laufe mehrerer Stunden erbarmungslos alles klar [...]

Wenn man solche Erfahrungen mit seinem Lehrer ein paarmal gemacht hat, hat man etwas gelernt, was anders nicht zu erwarten ist.« (L24)

Weizsäcker schlug damals vor, alle in Kopenhagen angefertigten Arbeiten nicht mit dem Namen eines Autors zu versehen, sondern einfach anzugeben: Aus dem Universitets Institut for Teoretisk Fysik.

Bei einer solchen Diskussion während einer Tagung kam Bohr eine seiner großen wissenschaftlichen Ideen. Otto Robert Frisch hat darüber berichtet (L20). Die Geschichte ereignete sich 1935 (und sie muß ein wenig eingeleitet werden). Die Konferenz, über die Weizsäcker berichtete, fand im Jahre 1932 statt. Die Physiker hatten bisher große Erfolge mit der Quantentheorie erzielt. Es war gelungen, die chemische Bindung zu erklären. Sie fiel sozusagen aus der Quantenmechanik heraus. Der Engländer Paul Adrien Maurice Dirac hatte die Gleichungen von Schrödinger so erweitern können, daß auch relativistische Effekte erfaßt wurden. Dabei hatte er die Entdeckung gemacht, daß es – folgt man der Mathematik – auch Elektronen mit negativer Energie geben muß. Dirac interpretierte diese Teilchen als Antimaterie. Ihre Existenz wurde 1932 nachgewiesen.

Nach all den Erfolgen blieben aber noch viele Schwierigkeiten. Sie konzentrierten sich vor allem auf den Atomkern. Er schien aus positiv geladenen Protonen zu bestehen. Was hielt sie zusammen? Bohr und Heisenberg erwarteten damals, daß die Lösung dieses Stabilitätsproblems zu einer ähnlich fundamentalen Revision der Quantenmechanik führen würde, wie es im Fall der Klärung der Atomstabilität mit der klassischen Physik geschehen war. Sie hatten diesen Eindruck vor allem durch die Beobachtungen gewonnen, die beim sogenannten Betazerfall eines Atomkerns gemacht worden waren. Hierbei wurden Elektronen aus dem Atom geschleudert, und sie schienen direkt aus dem Kern zu kommen. Quantenmechanisch war es allein schon wegen der Unbestimmtheitsrelation unmöglich, die leichten Elektronen im Kern unterzubringen.

Die Lösung gelang noch im selben Jahr. Ein neues Teilchen, das Neutron, wurde entdeckt. Dies war ungeladen und schwer wie ein Proton. Also konnte es im Kern befestigt werden. Nun brauchte man keine neue Fundamentaltheorie, um den Atomkern zu erklären. Jetzt reichte ein besseres Modell. Statt der Diktatur des Kerns über die Elektronen (im Atom) galt es im Kern selbst, die Demokratie von Protonen und Neutronen zu berücksichtigen. Es dauerte aber noch bis zum Beginn der fünfziger Jahre, bevor die Schalenstruktur des Kerns richtig beschrieben wurde.

1935 hatte Enrico Fermi in Rom entdeckt, daß Neutronen, die auf einen Atomkern geschossen werden, von diesem gerade dann gut eingefangen werden können, wenn sie vorher etwas verlangsamt werden. Dies deckte sich nicht mit den damaligen Vorstellungen, die eher vermuten ließen, daß ein langsames Neutron einen Kern einfach passiert. Darüber wurde auch in Kopenhagen gerätselt, und ein Sprecher trug verschiedene Vorstellungen vor, die unter anderem in Amerika entwickelt worden waren. Bohr – wie immer – unterbrach den Redner, bald ließ er ihn kaum noch einen Satz beenden, er argumentierte immer heftiger – und plötzlich herrschte Stille. Bohr setzte sich und starrte vor sich hin. Die Zuhörer glaubten schon, ihm sei unwohl, als sich sein Gesicht plötzlich entspannte. Bohr lächelte und sagte: »Nun habe ich es verstanden.« Und dann entwickelte er seine Theorie, die heute als Compoundkern bekannt und akzeptiert ist.

Bohr hatte verstanden, daß ein Neutron, das in einen Kern eindringt, mit einem der Neutronen oder Protonen zusammenstoßen kann, die sich hier befinden. Seine Energie verteilt sich im ganzen Kern, und es dauert eine Weile, bevor eines der anderen Neutronen sie wieder auf sich vereinigt, um den Kern damit zu verlassen. Während das Neutron eingefangen ist, spricht man vom Compoundkern. Das Aufregende an dieser Entdeckung war, daß ein solcher Kern wegen seiner langen Lebensdauer genau definierte Energiezustände haben muß, denn Energie und Zeit hängen über eine Unbestimmtheitsrelation miteinander zusammen. Dies erlaubte den Physikern, mehr über die möglichen Zustände eines Atomkerns zu lernen.

Die Lektion der Atome für den Menschen

Trotz der vielen ungelösten Probleme der Kernphysik begann Bohr in den dreißiger Jahren, sich mehr und mehr mit den philosophischen Konsequenzen der Atomtheorie zu beschäftigen. Er sprach oft von der Lektion, die die Atome den Menschen erteilten. Seiner Absicht, sie zu formulieren, kam zustatten, daß er häufig zu Festreden eingeladen wurde. Unter wechselnden Titeln sprach er immer über dasselbe Thema, über die Frage: Was können wir aus der Quantentheorie lernen?

Einige dieser Reden wurden zusammengefaßt und liegen in Buchform vor (B39–B41). Ihre Lektüre ist aus zwei Gründen mühsam. Einmal wirkt Bohrs Stil schwerfällig und gewunden. Zum andern fängt sein Denken in jedem Vortrag wieder von vorn an. Bohr führt den Leser oder Zuhörer auf oft verschlungenen Pfaden zu seinem Komplementaritätsgedanken hin, geht aber dann nicht darüber hinaus; eine systematische Darstellung seiner Ideen hat er nie gegeben. Die umfassendste Präsentation der Komplementarität stammt aus dem Jahre 1957, als er gebeten wurde, sechs Vorlesungen zum Thema *Physik und Komplementarität* am Massachusetts Institute of Technology zu halten. Leider wurde ihr Text nie ausgearbeitet, und die vorhandenen Notizen wurden bis heute nicht veröffentlicht. Die Tragweite der Komplementaritätsidee zu ermessen bleibt die Aufgabe einer zukünftigen Naturphilosophie. Erste Versuche liegen seit einigen Jahren vor (L6, L18).

Niels Bohr und Albert Einstein auf einem Spaziergang 1930 in Brüssel.

Hier soll mit Hilfe von Zitaten aus Bohrs Vorträgen die Richtung angedeutet werden, in die Bohr seine Gedanken entwickeln wollte. Wir beschränken uns auf zwei Fragenbereiche, die unter den Überschriften *Komplementarität und Kausalität* und *Licht und Leben* berichtet werden können. Im zweiten Fall stellte sich Bohr die Frage, ob seine Idee hilft, dem Rätsel des Lebens näherzukommen. Mit anderen Worten: Kann man das Leben wie das Licht verstehen?

Mit beiden Themen hat Bohr sich 30 Jahre lang beschäftigt, das heißt, zwischen dem ersten und dem letzten Vortrag zu diesen Fragen liegen jeweils 30 Jahre (B39, B40).

Seine deutlichste Stellungnahme zum Kausalproblem gab Bohr 1936 (B30), als er eingeladen war, auf dem Zweiten Internationalen Kongreß für die Einheit der Wissenschaft zu sprechen, der in Kopenhagen stattfand. Dessen Thema war gerade das Kausalproblem »mit besonderer Berücksichtigung der Physik und Biologie«. In seinem Referat betonte Bohr, worin die philosophische Bedeutung des Umsturzes im physikalischen Weltbild liegt, nämlich »zur Klärung der allgemeinen Voraussetzungen menschlicher Erkenntnis« beigetragen zu haben. Mit der Quantenmechanik habe man »eine eindringliche Mahnung erhalten, daß die Analyse neuer Erfahrungen immer wieder unbeachtete Voraussetzungen für die eindeutige Anwendung unserer einfachsten begrifflichen Hilfsmittel, wie Raumzeitbeschreibung und Kausalzusammenhang, aufdecken kann«.

Wir müssen uns von experimentellen Erfahrungen belehren lassen und hinnehmen, daß durch das Vorhandensein des Wirkungsquantums im Bereich der Atome »neuartige Gesetzmäßigkeiten« auftreten, »die im Rahmen einer Kausalbeschreibung nicht zusammengefaßt werden können«. Dies liegt einfach daran, »daß auf diesem Gebiete nicht länger scharf unterschieden werden kann zwischen dem selbständigen Verhalten eines physikalischen Objekts und seiner Wechselwirkung mit anderen als Meßinstrumente dienenden Körpern [...] Dieser Umstand stellt uns in der Tat vor eine in der Physik neue Situation bezüglich der Analyse und Synthese von Erfahrungen, die uns dazu zwingt, das

Kausalitätsideal durch einen allgemeineren Gesichtspunkt zu er-
setzen, den man ›Komplementarität‹ zu nennen pflegt.«

An dieser Stelle wird ersichtlich, was Bohr mit seiner Idee be-
zweckte, wenn auch nicht bewirkte. Für ihn ergab sich Komplementarität als die rationale Konsequenz der Versöhnung von
klassischer Physik und Quantenpostulat. Sein Vorschlag einer
Verallgemeinerung des klassischen Ideals der Kausalität versucht trotz aller revolutionären Änderungen eine Einheit der
Physik beizubehalten. Bohr wollte mit der Komplementarität
unseren konzeptionellen Rahmen erweitern, um hierin offensichtlich paradoxe Phänomene harmonisch erfassen zu können.
Der Gesichtspunkt der Komplementarität hat den Zweck, Widersprüche zu vermeiden und sie sozusagen auf höherer Ebene
zu vereinen.

Bohr betonte in seinem Vortrag 1936,»daß die Undurchführ-
barkeit einer kausalen Darstellung direkt mit den Voraussetzungen der Anwendung der für die Beschreibung der Erfahrungen in
Betracht kommenden elementarsten Begriffe verknüpft ist«. Er
meinte damit, daß zum Beispiel bei den Begriffen Ort und Geschwindigkeit unterstellt wird, daß sie festgestellt werden können,
ohne eine Wechselwirkung mit dem Meßsystem zu zeigen. Diese
Voraussetzung entfällt im Quantenbereich. Hier muß mindestens
ein Quantum ausgetauscht werden, das danach unwiderruflich
verloren ist. Analysiert man den Beobachtungsvorgang in ge-
eigneter Weise, wird man zu der Sicht geführt, die sich in den
Unbestimmtheitsrelationen ausdrückt, »die in quantitativer
Weise die logische Verträglichkeit von einander widersprechenden Gesetzmäßigkeiten sichern«. Mit anderen Worten, Komplementarität und Unbestimmtheit schützen paradoxe Elemente davor, im Experiment als widerspruchsvoll erkannt zu werden. Wir
erhalten durch sie einen geeigneten konzeptionellen Rahmen der
Wissenschaften, der die Erklärung der Natur ermöglicht.

Bohr wies weiter darauf hin, daß nicht erwartet werden kann,
daß »eine durchgreifende Umgestaltung der bisherigen, den alltäglichen Erfahrungen angepaßten Begriffsbildungen es ermöglichen würde, auch auf dem Gebiet der Atomphysik das Kausalitätsideal zu bewahren«. Denn der Verzicht auf dieses Ideal

beruht auf der unvermeidlichen Wechselwirkung zwischen Objekt und Meßinstrument (Subjekt), der prinzipiell nicht Rechnung getragen werden kann, auch wenn die Apparate selbst es erlauben, die erforderlichen Begriffe eindeutig anzuwenden.

Die Interpretation, die Bohr vorschlägt und verteidigt, scheint alles offenhalten zu wollen. Hierin sieht Bohr auch tatsächlich eine wichtige Konsequenz der Atomphysik. Sie hat eben keine (einseitige) Entscheidung zwischen Determinismus und Indeterminismus ergeben, sondern eine Abwägung des Beobachtungsproblems empfohlen. Dies sollte auch in der Biologie von Bedeutung sein, denn wenn schon die klassische Physik die Atome nicht beschreiben kann, dann kann sie auch nicht sagen, was Leben ist. Schließlich bezeichnet man eine Maschine deshalb als tot, weil ihr Funktionieren vollständig mit den Begriffen der klassischen Physik erfaßbar ist.

Bohr hat sich sehr früh über die Bedeutung seiner Idee für das Leben Gedanken gemacht, schon als Schüler, als er im Hause seines Vaters die Debatte zwischen Mechanisten und Vitalisten miterleben konnte. Die Mechanisten bestanden darauf, daß überall in einem lebenden Körper die Gesetze der Physik erfüllt seien, und mehr brauche man zu seiner Erklärung nicht. Die Vitalisten hielten dagegen, es sei hoffnungslos, davon auszugehen, daß etwas so Kompliziertes wie ein Lebewesen allein mit Hilfe der Physik erklärt werden könne. Bohr wollte diese Standpunkte versöhnen. Beide bestanden doch sicher zu Recht. Er faßte sie als komplementär zueinander auf. Von dem 18jährigen Bohr wird berichtet (L20), daß er der Teleologie und der Kausalität gleiche Chancen einräumte, um die Biologie voranzubringen. Beide stellen komplementäre Ansätze dar, das heißt, beide sind richtig, aber nur zusammen vollständig.

Um jedem Mißverständnis vorzubeugen: Bohr lehnte einen Kompromiß mit irgendeinem antirationalistischen Vitalismus ab, und er hoffte, bestimmte Vorurteile der mechanistischen Auffassung mit der Komplementarität entschleiern zu können. Er lehnte eine Lebensmechanik nicht deswegen vollkommen ab, weil in dem Begriff Mechanik mehr Möglichkeiten stecken, als die klassische Sicht genutzt hat.

Seinen Vorschlag eines komplementären Verhältnisses zwischen den physikalischen und den physiologischen Aspekten des Lebens brachte Bohr zum erstenmal öffentlich in einem Vortrag vor, den er im August 1932 in Kopenhagen hielt. Er war gebeten worden, einen lichttherapeutischen Kongreß zu eröffnen, und entsprechend wählte er als Titel seiner Rede die wunderbare Kombination *Licht und Leben* (B25).

Ihre besondere Bedeutung bekam diese Rede dadurch, daß sich durch sie ein junger Physiker aufgefordert fühlte, die hier von Bohr prophezeite biologische Komplementarität wirklich zu fassen zu bekommen. Max Delbrück wollte von nun an die Erscheinung des Lebendigen finden, die nicht mehr auf Vorgänge der Physik reduziert werden konnte. Er hoffte, die Biologie durch ein experimentell ermitteltes Paradoxon in die gleiche schwierige Lage zu versetzen, in die Rutherford die Physik gebracht hatte, als er den Atomkern entdeckte (L5). Nach ausführlichen Diskussionen mit Bohr entschied Delbrück, daß die Vererbung der geeignete Ausgangspunkt war. Die Erbgesetze (die Algebra der Gene) und die rätselhafte Stabilität der Erbfaktoren über viele Generationen hinweg ließen die Gene als die besten Kandidaten erscheinen, die Atome der Biologie zu werden. Es kam aber alles anders. Bei seiner Suche nach einem Widerspruch legte Delbrück den Weg zu den genetischen Molekülen selbst frei. Er wurde zum Wegbereiter der Molekularbiologie, in der alles zwar kompliziert ist, aber ohne gedanklichen Umbruch verstanden werden kann.

Durch Delbrück haben wir einen genauen Bericht über die Rede, die Bohr 1932 hielt. Er veranschaulicht einige charakteristische Bohrsche Züge. Als Bohr aufgefordert wurde zu reden, verirrte er sich zunächst auf dem Weg zum Rednerpult und verschwand hinter einem Vorhang. Als er seinen Weg schließlich gefunden hatte und anfangen wollte, senkte sich das Rednerpult, um anschließend hochzusteigen. Bohr hatte offenbar einen hydraulischen Mechanismus in Bewegung gesetzt, den er nicht mehr abschalten konnte. Ihm blieb nichts übrig, als das Pult jedesmal wieder nach unten zu pressen. Fasziniert starrte das Publikum – darunter der dänische Kronprinz – auf das Pult, um zu sehen, ob sich das Schauspiel wiederholte. Bohr selbst blieb dabei ganz ruhig und trug seine Ansichten vor. Er sprach leise, oftmals nur flüsternd, in einem stark dänisch gefärbten Englisch. Verstanden haben ihn wahrscheinlich nur zwei Zuhörer in der letzten Reihe, Delbrück und Léon Rosenfeld. Rosenfeld war in den dreißiger Jahren der engste Mitarbeiter Bohrs. Er half später bei der Ausarbeitung des Manuskriptes zu *Licht und Leben*.

Den Vortrag selbst hielt Bohr nach seiner Gewohnheit frei. Was später von der Rede veröffentlicht wurde, hatte – wie immer – mit dem tatsächlich vorgetragenen Text wenig zu tun. In dem publizierten Text *Licht und Leben* drückt sich Bohr sehr vorsichtig aus. Zum Beispiel so:

»So würden wir zweifellos ein Tier töten, wenn wir versuchten, eine Untersuchung seiner Organe so weit durchzuführen, daß wir den Anteil der einzelnen Atome an den Lebensfunktionen angeben könnten. Zu jedem Versuch an lebenden Organismen muß daher eine gewisse Unsicherheit in bezug auf die physikalischen Bedingungen, denen sie unterworfen sind, bestehen bleiben; und es drängt sich der Gedanke auf, daß die geringste Freiheit, die wir in dieser Hinsicht den Organismen zugestehen müssen, gerade groß genug ist, um ihnen zu ermöglichen, ihre letzten Geheimnisse gewissermaßen vor uns zu verbergen.« (B25)

Bohr deutete also an, daß es auch in der Biologie »eine Verschwörung der Natur« (L3) gibt, die uns daran hindert, eine vollständig deterministische Beschreibung der Lebensphänomene zu geben. Delbrück erinnert sich, daß er sich noch deutlicher ausdrückte, als er in Kopenhagen mit dem Pult kämpfte. Seinen Erinnerungen zufolge (L5) verwies Bohr auf folgende Analogie: Selbst wenn man bis zum Ende seiner Tage klassische Physik treibt, wird nie aus einem Elektron und einem Proton ein Wasserstoffatom. Dies erhält nur, wer komplementär denkt. Entsprechend kann man alle Bausteine einer Zelle kennen und mit ihnen klassische Biochemie treiben, niemals wird dabei Leben in sie kommen. Dies geht nur, wenn man komplementäre Aspekte zuläßt.

Um Bohrs Herausforderung annehmen zu können, suchte Delbrück ein biologisches System, dessen Gesetze ähnlich einfach zu erraten waren wie die des Wasserstoffs. Er fand sein Atom der Biologie in Form der bakteriellen Viren und legte mit ihnen in den vierziger Jahren den Grund, auf dem heute der Palast der Molekularbiologie steht und wächst. Die Explosion dieser Wissenschaft begann kurz nach Ende des zweiten Weltkriegs und erreichte einen ersten Höhepunkt, als 1953 die Struktur des Erbmaterials aufgeklärt wurde.

Anfang der sechziger Jahre half Delbrück der Universität Köln, ein Institut für Genetik zu errichten. Er bat damals Bohr, den Eröffnungsvortrag zu halten, und schlug ihm vor, seine nun 30 Jahre alten Vorschläge in Hinblick auf die revolutionären Änderungen in der Biologie zu überdenken. Immerhin war inzwischen aus der theoretischen Spekulation, ob Leben auf Physik zurückzuführen ist, eine tägliche Frage im Laboratorium geworden.

Bohr nahm die Herausforderung enthusiastisch an und trug »noch einmal« über *Licht und Leben* vor. Er formulierte seine ursprüngliche Hypothese neu:

Einige Zeit schien es, »als ob die regulierenden Funktionen in lebenden Organismen, die besonders durch zellphysiologische und embryologische Untersuchungen enthüllt wurden, eine bei allgemeinen physikalischen und chemischen Experimenten ganz unbekannte Feinheit offenbaren, indem sie auf das Vorhandensein biologischer Grundgesetze hinweisen, die kein Gegenstück in den Eigenschaften der unter einfachen reproduzierbaren Versuchsbedingungen untersuchten leblosen Materie finden. Indem ich die Schwierigkeiten betonte, die damit verbunden sind, Organismen unter Bedingungen, die eine vollständige atomare Beschreibung anstreben, am Leben zu halten, schlug ich daher vor, daß das Vorhandensein von Leben an sich als eine Grundtatsache angenommen werden müsse, im gleichen Sinn wie das Wirkungsquantum in der Atomphysik als ein Grundelement betrachtet werden muß, das nicht auf klassische physikalische Begriffe zurückgeführt werden kann.« (B40)

Bohr deutete in seinem Vortrag an, daß er sich von der ursprünglichen Position zurückgezogen habe, daß es mit einer atomar genauen Beschreibung unvereinbar ist, einen Organismus am Leben zu erhalten. Statt dessen betonte er, daß es nicht Aufgabe der Biologie ist, das Schicksal jedes der unzähligen Atome im lebendigen Körper zu kennen. Der ständige Stoffwechsel schließt zudem solch eine Kenntnis von vornherein aus. Bohr sichtete aber komplementäre Manifestationen der Organismen und argumentierte, daß eine mechanisch dargestellte »Struktur« komplementär zu ihrer teleologisch erfaßten »Funktion« ist. Denn wer (teleologisch) beschreibt, wie ein Organ funktioniert, schafft dadurch einen Ausgangspunkt für die physikalische Analyse der Struktur, die die betrachtete Funktion ermöglicht. Mechanistische Beschreibungen einer Struktur hingegen erfassen lediglich den physikalisch isolierten Zustand eines Systems. Die konzeptionelle Unterscheidung zwischen beiden Verfahren spiegelt verschiedene Weisen der Beschreibung wider, die komplementär zusammenhängen. In Bohrs Worten von 1962:

»Beim Studium der regulatorischen biologischen Mechanismen stehen wir vor der Situation, daß keine scharfe Unterscheidung getroffen werden kann zwischen der detaillierten Konstruktion solcher Mechanismen und den Funktionen, die sie erfüllen, wenn sie das Leben des ganzen Organismus aufrecht erhalten.« (B40)

Bohr prophezeite, daß die Terminologie der Molekularbiologie noch durch die teleologischen Begriffe der experimentellen Physiologie »komplementiert« würden. Komplementarität muß ernst genommen werden, wenn wir wirkliche Fortschritte im Verstehen der Natur machen wollen. Diese Idee hilft, unseren konzeptionellen Rahmen so zu erweitern, daß wir über die Erfahrungen des Alltags hinaus auch die der Wissenschaften erfassen können.

Die mit der Komplementarität versuchte Versöhnung von Dualitäten läßt sich auch auf das Problem des dänischen Studenten anwenden, von dem Bohr sehr früh gelesen hatte. Das heißt, die im Rahmen der Atomphysik gewonnene erkenntnistheoretische Einstellung kann auch in der Diskussion von psychologischen Fragen behilflich sein. Dies war Bohrs Auffassung, die er so angewandt hat:

»In der Tat weist ja schon der Gebrauch von Worten wie ›Gedanke‹ und ›Gefühl‹ oder ›Instinkt‹ und ›Vernunft‹ zur Beschreibung verschiedenartiger psychischer Erlebnisse auf das Vorhandensein von charakteristischen, durch die Besonderheit der Selbstbeobachtung bedingten Komplementaritätsverhältnissen hin. Vor allem dürfte eben in der prinzipiellen Unmöglichkeit, bei der Selbstbeobachtung zwischen Subjekt und Objekt im Sinne des Kausalitätsideals scharf zu unterscheiden, das Willensgefühl seinen natürlichen Spielraum finden.« (B30)

»Gedanke« und »Gefühl« werden doch deshalb in komplementärer Weise benutzt, weil sich diese Begriffe auf zwei Seiten unserer inneren Erfahrungen beziehen, die zwar gleichbedeutend sind, die sich aber gegenseitig ausschließen. Denn das wärmste Gefühl geht verloren, wenn es auf kalten logischen Wegen ausgesprochen wird. Wir müssen uns eben – wie Bohr gelegentlich sagte – mit einem Wortgemälde ausdrücken und können nicht hoffen, es zur Präzision zu bringen. Dieser Einsicht begegnet man gerade im Alltag. Nach Bohr sind auch Liebe und Gerechtigkeit komplementär zueinander. Wer seine Mitmenschen liebt – und dazu ist jeder aufgefordert –, kann nicht volle Gerechtigkeit üben. Wer seinen Mitmenschen gegenüber gerecht ist, muß dabei die Liebe verletzen. So ist – nach Bohr – das menschliche Leben.

»Nicht einmal der liebe Gott selbst«

Einstein und Bohr

Einstein meint man zu kennen. Er war der unkonventionelle Mann mit dem wirren Haar, ein genialer Physiker, der gern barfuß umherlief und selbstbewußt lächelte. Seine ersten fundamentalen Beiträge zur Physik lieferte er als Angestellter unterer Klasse am Berner Patentamt. Später wurde er Direktor eines Kaiser-Wilhelm-Institutes ohne Verwaltungsaufgaben. Ein ordentlicher Professor war er nur für kurze Zeit. Zu seiner ersten Vorlesung kamen drei Studenten. Als zwei nicht mehr erschienen, blieb auch er weg und schrieb dem dritten eine Postkarte. Einstein verhielt sich immer ungewöhnlich. Er galt als überzeugter Pazifist und Freigeist. Doch so einfach sieht er nur auf den ersten Blick aus. Der zweite Blick verwirrt. Hat nicht schließlich ein Brief von Einstein die Amerikaner veranlaßt, die Atombombe zu bauen? Und hat nicht gerade Einstein immer wieder von Gott gesprochen, wenn er seine philosophischen Überzeugungen formulieren wollte?

Bohr scheint daneben das Musterbeispiel für bürgerliche Konventionen zu bieten. Er wirkte brav, war stets mit einem unauffälligen Anzug bekleidet und sauber gekämmt. Er führte ein geordnetes Familienleben und war ein ordentlicher Professor, der sich um seine Wissenschaft und seine Studenten sorgte. Seltsamerweise dachte gerade er viel revolutionärer als die meisten anderen Physiker. Bohr ging in mancher Hinsicht radikaler als Einstein vor, und einen Gott brauchte er für seine Zufriedenheit nicht.

Zwischen diesen beiden Physikern, die als die unumstritten größten unserer Zeit betrachtet werden, kam es vom Herbst 1927 an zu einer erkenntnistheoretischen Diskussion, die in ihrer Bedeutung möglicherweise mit der Debatte vergleichbar ist, die Isaac Newton und Gottfried Wilhelm Leibniz im frühen 18. Jahrhundert führten. Damals ging es um die Natur von Raum, Zeit und Materie, zwischen Einstein und Bohr ging es um die Deutung des Quantums, um die Interpretation der Quantenmechanik und die Frage nach der physikalischen Wirklichkeit.

Einstein hatte geholfen, die Quanten*theorie* auf die Beine zu stellen. Als sie sich aber zu einer Quanten*mechanik* entwickelte, die statistisch gedeutet wurde, mißbilligte er die Richtung, in die sein Kind lief. Die Gleichungen und Formeln der herkömmlichen Physik enthielten Größen, die es wirklich gab, eine Strecke etwa, eine Masse oder eine Geschwindigkeit. Auch die Quantentheorie wurde mit Größen formuliert, die tatsächlich vorhanden waren, Ladungen etwa, Frequenzen und Wellenlängen. Für die beiden mathematisch gefaßten Formulierungen der Quantenmechanik schließlich traf dies nicht mehr zu. In der Wellenmechanik zum Beispiel tauchte eine Wellenfunktion auf, unter der man sich nichts mehr vorstellen konnte. Sie beschrieb nichts, was es in dem uns umgebenden Raum wirklich gab. Aus ihr konnte man aber ein besonderes Stück der Wirklichkeit berechnen, zum Beispiel die *Wahrscheinlichkeit*, ein Elektron an einem bestimmten Ort zu finden. Auch die Matrizenmechanik machte klar, daß sich atomare Objekte nach Wahrscheinlichkeitsgesetzen bewegen. Die physikalischen Gesetze der Quantenwelt legten nur diese Wahrscheinlichkeiten fest. Nur sie (und nicht die Partikel selbst) breiten sich nach den Anforderungen der Kausalität aus.

Einstein schien dies nicht »der wahre Jakob« zu sein. Er hatte Physik immer als den Versuch verstanden, die Wirklichkeit begrifflich zu erfassen. Und die beschrieb die neue Physik nicht mehr. Einsteins erster Gedanke war, daß unter diesen Umständen in der Quantenmechanik Widersprüche stecken müßten, und er versuchte, sie sichtbar zu machen. Zu diesem Zweck erfand er sogenannte Gedankenexperimente, deren Ziel es schließlich wurde, die Unbestimmtheitsrelation zu unterlaufen. Ein Gedankenexperiment beschreibt eine Situation, über die man gut nachdenken kann, die aber technisch schwer realisierbar ist. Das Ergebnis eines Gedankenexperiments stammt nicht aus der Erfahrung, es wird aber durch viele Erfahrungen aus tatsächlich ausgeführten Versuchen nahegelegt. Mit solchen Gedankenexperimenten war es Einstein gelungen, sich in den Kosmos vorzutasten und den Zusammenhang von Raum und Materie zu verstehen.

Seine ersten Einwände trug Einstein im Herbst 1927 in Brüssel vor, wo sich die Physiker in unregelmäßigen Abständen auf den sogenannten Solvay-Konferenzen im Hotel Metropol trafen. Geantwortet hat ihm dabei immer Bohr, nicht ohne sich vorher gründlich mit Heisenberg und Pauli zu beraten. Alle drei begrüßten diese Gelegenheit zum offenen Gedankenaustausch, bot sich hier doch die Möglichkeit, die gewonnenen Anschauungen der strengstmöglichen Prüfung zu unterziehen. Bohr trat Einstein mit der philosophischen Grundüberzeugung entgegen, daß Physik sich damit beschäftigt, was Menschen über die Natur sagen können. Er wollte zeigen, daß die Quantenmechanik ohne Widersprüche und vollständig ist.

Im Oktober 1927 begann in Brüssel eine philosophische Debatte, die heute noch andauert (L1, L11, L17, L18, L23, L24). Was Bohr selbst dazu im direkten Streitgespräch mit Einstein beitragen konnte, faßte er 1949 in einem umfangreichen Aufsatz zusammen (B35, B39, B41), der aus Anlaß des 70. Geburtstags von Einstein geschrieben wurde. Wer nur einen von Bohr verfaßten Aufsatz lesen will, sollte zu seiner Darstellung der *Diskussion mit Einstein über erkenntnistheoretische Probleme der Atomphysik* greifen.

Das Photon im Kasten

Einstein eröffnete die Diskussion mit der Beschreibung eines einfachen Gedankenexperimentes. Ein Elektron bewegt sich durch einen schmalen Schlitz in einer Blende, die in hinreichender Entfernung vor einer photographischen Platte steht. Jeder Durchgang durch winzige Öffnungen zieht Beugungserscheinungen, also auch Ablenkungen des Elektrons, nach sich. Folglich kann man nur die Wahrscheinlichkeit angeben, mit der sich ein Elektron bei A registrieren läßt.

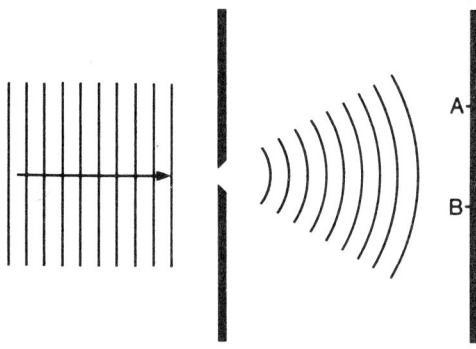

Dies trifft im Rahmen jeder Physik zu. Wenn nun tatsächlich bei A ein Elektron gemessen wird, dann kann – so Einstein – bei B nichts mehr gemessen werden. Nach der Quantenmechanik gibt es in diesem Fall aber immer noch eine von Null verschiedene Wahrscheinlichkeit, ein Elektron bei B zu registrieren. Einstein fand dies absurd. Er zog den Schluß, daß die Quantenmechanik unfähig ist, *individuelle* Elektronen zu behandeln. Sie kann nur mit statistischen Ensembles aus ihnen umgehen. Dann ist die Quantenmechanik aber nicht vollständig, und auf keinen Fall wurde mit ihr das letzte Wort über die Atome gesprochen, wie Bohr behauptet.

Bohr akzeptierte die Beschreibung des Versuchsaufbaus. Man könne doch ohne solche Eigenschaften der quantenmechanischen Wahrscheinlichkeiten nicht verstehen, wie zum Beispiel Atome radioaktiv zerfallen. Allerdings konnte er den anschließenden Überlegungen Einsteins nicht folgen. Bohr versuchte ihn mit der Beschreibung eines weitergehenden Versuches zu überzeugen.

In ihm befindet sich zwischen der Blende mit einem Schlitz und der photographischen Platte eine zweite Blende mit zwei Öffnungen. Wenn ein intensiver Elektronenstrahl beide Blenden pas-

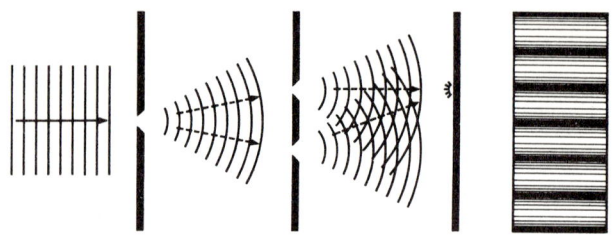

siert hat, wird man auf der photographischen Platte ein soge-
nanntes Interferenzmuster finden. Das heißt, man wird Streifen
sehen, die als Interferenz der mit den Elektronen verknüpften
Wellen zu deuten sind.

Als Einstein darin zustimmte, bat Bohr ihn, nun zu überlegen,
was passiert, wenn der Elektronenstrahl so schwach ist, daß immer nur ein einzelnes Elektron den Schlitz der ersten Blende passiert. Dann kommt auch an der photographischen Platte immer
nur ein einzelnes Teilchen an (zum Beispiel dort, wo der Stern
eingezeichnet ist). Wird der Versuch nun mit solch einem dün-
nen Elektronenstrahl fortgesetzt, findet man nach einiger Zeit
aber das Interferenzmuster wieder. (Dies ist aus ähnlichen Experimenten bekannt.) Daraus folgt, daß ein einzelnes Elektron, das
durch einen der beiden Schlitze der zweiten Blende läuft, andere
Elektronen beeinflußt, die durch den Schlitz laufen, durch den
das erste Elektron nicht gekommen ist. Es muß also auch dort
spürbar sein, wo es nicht registriert wird. Diese Erscheinung – so
Bohr – muß erklärt werden, und nur die Quantenmechanik kann
das tun. Ihre Erklärung ist dabei so vollständig wie möglich. Die
Beschreibung, auf die Einstein hofft, gibt es nicht.

Das von Bohr beschriebene Experiment mit dem Doppelspalt
verdeutlicht besonders eindrucksvoll die Quantennatur der
Elektronen, man sieht die Dualität ihres Wesens sozusagen mit
eigenen Augen. Die Elektronen verhalten sich dort als Teilchen,
wo sie registriert werden (an der photographischen Platte werden *einzelne* Ereignisse registriert). Sie verhalten sich dort als
Wellen, wo sie nicht beobachtet werden (beim Durchgang durch
den Doppelspalt). Man könnte nun auf die Idee kommen, an der

Wand mit den zwei Öffnungen ein Instrument zu installieren, das festzustellen gestattet, durch welchen Schlitz ein individuelles Elektron schlüpft. Wer dies unternimmt, wird feststellen, daß er dies zwar tun kann, daß damit aber zugleich das Interferenzmuster verschwindet. Wenn man die Elektronen am Doppelspalt fragt, ob sie Teilchen sind, antworten sie mit Ja. So deutet sich in diesem Versuch eine seltsame Zusammengehörigkeit von Objekt und Subjekt an, eine Einheit, die Bohr Ganzheit der Phänomene genannt hat.

Diese erste Diskussion fand 1927 statt. Einstein konzentrierte seine Argumente in den folgenden Jahren darauf, Versuche zu finden, durch die es gelingen würde, den Beschränkungen der Unbestimmtheitsrelationen zu entkommen. Seinen wichtigsten Vorschlag zu einem entsprechenden Gedankenexperiment machte er auf der sechsten Solvay-Konferenz 1930 in Brüssel. Mit einem Photon wollte Einstein zeigen, daß die Beziehungen von Heisenberg kein universales epistemologisches Prinzip bedeuten. Dieses Photon sollte sich in einem Kasten befinden, und Einstein wollte zeigen, daß es möglich ist, gleichzeitig sowohl die Energie eines solchen Teilchens zu bestimmen als auch den Zeitpunkt, zu dem dieser Zustand vorliegt. Nach der quantenmechanischen Unbestimmtheit sollte dies nicht gleichzeitig in einem einzigen Versuch möglich sein.

Einsteins Apparat besteht aus einem Kasten, in dem sich Photonen befinden, in dem es also hell ist. Auf einer Seite befindet sich ein kleines Loch, das durch einen Schieber geöffnet und geschlossen werden kann. Dieser Schieber wird von einer Uhr aktiviert, die sich innerhalb des Kastens befindet. Sie ist so eingestellt, daß die Öffnung gerade so lange freigegeben wird, daß ein einzelnes Photon nach außen entkommen kann.

Nun kann man den Kasten vor und nach der Schieberbewegung wiegen und so die Masse des Photons bestimmen. Damit kennt man auch seine Energie, denn die berechnet sich als Produkt aus der Masse und dem Quadrat der Lichtgeschwindigkeit. In diesem Versuch gibt es keine Beschränkung der Genauigkeit, mit der die Energie und der Zeitpunkt der Schieberöffnung bestimmt werden. Dies darf aber – nach der Quantenmechanik –

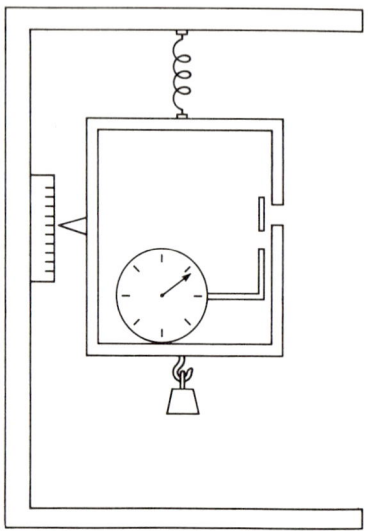

nicht sein. Also – so schloß Einstein – ist diese Theorie entweder nicht vollständig, oder sie beherbergt Widersprüche in sich.

»Dieses Argument bedeutete eine ernste Herausforderung«, so schrieb Bohr 1949, und es »gab Anlaß zu einer gründlichen Prüfung des ganzen Problems« (B35). Bohr verbrachte eine schlaflose Nacht, um den Haken in Einsteins Präsentation zu finden. Er fand eine befriedigende Lösung, »zu der Einstein selbst wirksam beitrug«. Es stellte sich nämlich heraus, daß das Problem gerade bei richtiger Anwendung der allgemeinen Relativitätstheorie verschwindet, und die hatte Einstein der Physik geschenkt. In Bohrs Worten hört sich die Lösung kompliziert an:

»Bei näherer Betrachtung erwies es sich als notwendig, die Folgen der Identifizierung von Trägheits- und Gravitationsmasse [...] eingehender zu untersuchen. Im besonderen erschien es wesentlich, die Beziehung zwischen dem Gang einer Uhr und ihrer Lage in einem Gravitationsfeld zu berücksichtigen, eine Beziehung, die aus der Rotverschiebung der Linien im Sonnenspektrum wohlbekannt ist und aus dem Einsteins Prinzip der Äquivalenz zwischen Schwerkraftwirkungen und den Erscheinungen, die in beschleunigten Bezugssystemen beobachtet werden, folgt.«

Bohr mußte also zu den Sternen greifen, um das Verhalten der Atome deuten zu können. Man kann etwas einfacher ausdrücken, wie seine Überlegung aussah, um Einsteins Argument mit Einsteins Theorie zu widerlegen. Um das Gewicht des Photons zu bestimmen, muß der Kasten gewogen, also an einer Feder befestigt werden. Ein Zeiger erlaubt uns, den Zustand der Feder und damit das Gewicht auf einer Skala abzulesen. Wir wollen die Aufwärtsbewegung der Feder in dem Moment ermitteln, in dem das Photon entkommt. Es dauert natürlich eine gewisse Zeit, bis die Federschwingungen zur Ruhe kommen. In diesem Intervall bewegt sich die Uhr im Gravitationsfeld der Erde. Nach der allgemeinen Relativitätstheorie verändert sich in diesem Fall der Gang der Uhr. Damit schleicht sich in die Bestimmung des Zeitpunktes, zu dem das Photon den Kasten verläßt, eine Ungenauigkeit ein, die man genau ausrechnen kann. Dafür gilt folgendes: Je genauer man die Masse des Photons bestimmen will, desto mehr Zeit muß man der Feder geben, zur Ruhe zu kommen. Damit wächst natürlich die Ungenauigkeit der Zeitbestimmung. Bohr konnte nun demonstrieren, daß mit diesen Überlegungen auch in dem von Einstein ausgedachten Kasten die Ermittlungen von Energie und Zeit mit genau der Unbestimmtheit versehen sind, die in den Relationen von Heisenberg behauptet wird.

Mit diesem Argument triumphierte Bohr über Einstein, sechs Jahre nachdem in der Frage der Dualität Einstein über Bohr triumphiert hatte. (Sechs Jahre beträgt auch gerade der Altersunterschied zwischen den beiden Physikern.) Einstein akzeptierte die Lösung von Bohr und erkannte auf diese Weise einen Aspekt der Komplementarität von Bohr an. Nennen wir ihn den physikalischen Aspekt. Er drückt aus, daß unser mögliches Wissen über die physikalische Welt Begrenzungen unterliegt, die die Quantenmechanik richtig angeben kann. Diese Begrenzung hängt mit der Beobachtung eines Systems zusammen. Salopp kann man sagen, daß ein Beobachter ein System »stört«, er greift eben in einer Weise ein, der nicht Rechnung getragen werden kann.

Bohr warnte in seiner Beschreibung der Diskussionen mit Einstein allerdings davor, Wendungen wie »Störung der Phänomene durch Beobachtung« zu verwenden. Denn »solche Ausdrücke, die wohl zur Erinnerung an scheinbare Paradoxien in der Quantentheorie dienen mögen, sind gleichzeitig dazu angetan, Verwirrung zu stiften, da Worte wie ›Phänomene‹ und ›Beobachtungen‹ [...] hier in einer Weise gebraucht werden, die mit der Umgangssprache und praktischen Definitionen kaum vereinbar sind.«

Bohr spielt hier auf den sprachlichen Aspekt der Komplementarität an, demzufolge die Begriffe, mit denen wir unsere Ergebnisse mitteilen, bisher unbemerkte Voraussetzungen enthalten, die es zu erkennen gilt. Neben diesen beiden Gesichtspunkten enthält die Idee von Bohr aber noch eine dritte Komponente. Dieser metaphysische Aspekt der Komplementarität sieht über die Grenzen der Beobachtung hinaus und versucht, das Wesen der Realität selbst zu erfassen. Hierin behauptet Bohr, daß es etwas wie ein Elektron mit gegebener Lage und gegebener Geschwindigkeit gar nicht gibt. Mit dieser Vorstellung konnte sich Einstein nie abfinden; nach 1930 suchte er ein Argument, das diesen Aspekt der Komplementarität als Unsinn erscheinen lassen würde. Er machte seinen fundamentalen Vorschlag in dem Jahr, als Bohr 50 Jahre alt wurde.

Ein Paradoxon

Die Fortsetzung der direkten Diskussion mit Einstein wurde durch die Machtübernahme der Nazis in Deutschland verhindert. Einstein verließ Berlin und ging nach Princeton in New Jersey. Das Streitgespräch wurde nun schriftlich, in Publikationen, fortgesetzt. 1935 veröffentlichte Einstein mit seinen Mitarbeitern Boris Podolski und Nathan Rosen eine Arbeit, die sich im Titel folgende Frage vorlegte: *Kann die quantenmechanische Beschreibung der physikalischen Wirklichkeit als vollständig betrachtet werden?* (L1). Einstein hatte damals längst aufgegeben, die Quantenmechanik als inkonsistent zu bezeichnen. Er bestritt allerdings

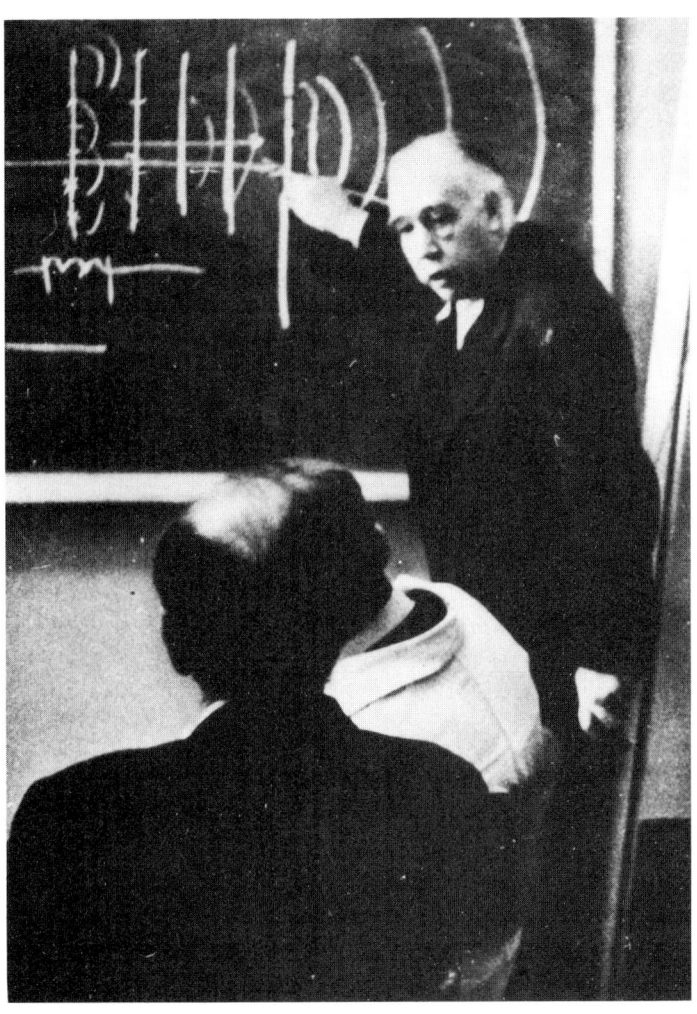

Niels Bohr erläutert das Doppelspaltexperiment, 1952 in Trondheim (Norwegen).

nach wie vor, daß sie *vollständig* ist, und es war klar, daß Einsteins Antwort auf seine Titelfrage Nein lauten mußte. Von einer vollständigen Theorie verlangten die Autoren, daß in ihr jedes Element der physikalischen Realität seine Entsprechung haben muß.

Was gehört zu dieser Wirklichkeit? Hierfür schlagen die Autoren folgendes Kriterium vor:

»Kann man den Wert einer physikalischen Größe mit Sicherheit (das heißt mit der Wahrscheinlichkeit 1) vorhersagen, ohne ein System dabei in irgendeiner Weise zu stören, dann gibt es ein Element der physikalischen Wirklichkeit, das dieser Größe entspricht.« (L1)

Die drei Autoren zeigten dann an einem Beispiel, daß es anscheinend doch Größen gibt, die zwar ein Element der physikalischen Wirklichkeit sind, von der Quantenmechanik jedoch nicht erfaßt werden. Sie zogen folglich den Schluß, »daß die durch die Wellenfunktion vermittelte quantenmechanische Beschreibung der physikalischen Realität unvollständig ist« (L1).

Wie sah ihr Beispiel aus? Einstein, Podolski und Rosen schlugen vor, zwei Teilchen (A und B) zu betrachten, die aufeinander zufliegen, zusammenstoßen und wieder auseinanderfliegen. Für solch eine Situation erlaubt die Quantenmechanik kurioserweise, daß sowohl die Summe der Impulse als auch die Differenz (Abstand) der Orte gleichzeitig einen festen Wert haben. Außerdem legen die Gesetze der Physik fest, wie die entsprechenden Werte vor und nach dem Zusammenstoß korreliert sind.

Nun kann ein Beobachter am Teilchen A eine Messung vornehmen, er bestimmt zum Beispiel seinen Impuls. Mit dem oben Gesagten wird er dadurch in die Lage versetzt, mit Sicherheit den Wert des Impulses von Teilchen B vorherzusagen. Im Sinne des Einsteinschen Kriteriums entspricht dann diesem Impuls ein Element der physikalischen Wirklichkeit. Analog kann man für den Ort von B argumentieren. Dies wäre aber ein Widerspruch zur Beschreibung der Quantenmechanik. Das Teilchen B kann in dieser Theorie keine festen Werte für diese Größen haben.

Als Bohr von dem Aufsatz erfuhr, ließ er alle laufenden Arbeiten ruhen; er antwortete sofort. Kaum vier Monate nach Erscheinen der Arbeit traf seine Antwort bei derselben Zeitschrift ein, in der Einstein sein Paradoxon publiziert hatte (B28, L1). Bohr argumentierte dabei wie folgt: Ein beobachtetes Objekt und der zu seiner Messung verwendete Apparat bilden gemeinsam eine untrennbare Einheit, die auf der quantenmechanischen Ebene nicht in Form von getrennten Teilen untersucht werden kann. Die Kombination eines gegebenen Teilchens mit einer bestimmten experimentellen Anordnung unterscheidet sich wesentlich von der Kombination desselben Teilchens mit einer anderen Anordnung. Die Beschreibung des Zustands des ganzen Systems drückt eine Relation aus zwischen dem Teilchen und allen vorhandenen Meßvorrichtungen. Mit anderen Worten, selbst wenn keine Messung an Teilchen B erfolgt, so ist doch sein Zustand (also die physikalische Wirklichkeit, deren Teil es ist) nicht unabhängig von der Anwesenheit des Apparates, mit dem die Messung an Teilchen A vorgenommen wird. Daher scheitert – nach Bohr – das Argument von Einstein, Podolski und Rosen.

So argumentierte Bohr 1935. Der entscheidende Punkt liegt für ihn darin, daß es der – wie Bohr schrieb – »mit ›Komplementarität‹ bezeichnete Gesichtspunkt« ist, »unter dem die quantenmechanische Beschreibung physikalischer Systeme innerhalb ihres Geltungsbereiches allen rationalen Erfordernissen der Vollständigkeit genügt«. Im einzelnen wies Bohr darauf hin, daß Einsteins Ausdruck »ohne ein System zu stören« mehrdeutig ist. Natürlich stört ein Beobachter von Teilchen A das andere Teilchen B nicht direkt physikalisch.

Seine Messung übt aber *»einen Einfluß auf die tatsächlichen Bedingungen [aus], welche die möglichen Arten von Voraussagen über das zukünftige Verhalten des Systems definieren.* Da diese Bedingungen ein immanentes Element der Beschreibung jeglichen Phänomens ausmachen, dem man mit Recht den Begriff ›physikalische Wirklichkeit‹ zuschreiben kann, sehen wir, daß die Argumentation [von Einstein, Podolski und Rosen] nicht ihre Schlußfolgerung rechtfertigt, die quantenmechanische Beschreibung sei wesentlich unvollständig [...] Tatsächlich ist es nur der gegenseitige Ausschluß von je zwei die eindeutige Definition komplementärer physikalischer Größen gestattenden Versuchsanordnungen, der neuen physikalischen Gesetzen Raum schafft, deren Koexistenz auf den ersten Blick mit den Grundprinzipien der Naturwissenschaften unvermeidbar zu sein scheint. Es ist gerade diese völlig neue Situation bezüglich der Beschreibung physikalischer Phänomene, deren Kennzeichnung mit dem Begriff *Komplementarität* angestrebt wird.« (B28, L1)

In dieser von Bohr 1935 beschriebenen radikalen Revision der Einstellung zur physikalischen Realität deutet sich eine seltsame Korrelation an, die man mit dem Begriff *Ganzheit* kenntlich machen kann. Die von der klassischen Physik beschriebene Welt konnte stets in ihre Einzelteile zerlegt werden. Die Quantenwelt ist anders. Offenbar kann sie nicht völlig reduziert werden. Wenn zwei Teilchen miteinander in Wechselwirkung treten – in Einsteins Beispiel stoßen sie zusammen –, dann werden sie Teil eines physikalischen Systems (eines Ganzen), das *nicht* mehr erfaßt werden kann, wenn man nur seine Einzelteile beschreibt.

Wir können nun nach dem Grund fragen. Denn schließlich bewegen sich die Teilchen voneinander weg, nachdem sie zusammengestoßen waren. Woher kommt die Korrelation, wenn die Wechselwirkung aufgehört hat? Die Antwort klingt seltsam, aber wir sind schon daran gewöhnt: Die Korrelation besteht nicht zwischen den wirklich vorhandenen Teilchen, sie besteht zwischen den Quantenzuständen, die mit diesen Teilchen verbunden sind, genauer gesagt, zwischen den Wahrscheinlichkeitsverteilungen, die festlegen, wie die Teilchen sich verhalten können. Im Rahmen der Quantenmechanik können diese Korrelationen die meßbaren Eigenschaften der Teilchen auch dann noch beeinflussen, wenn sie selbst längst getrennt sind und nicht mehr miteinander in Wechselwirkung stehen.

Die Ganzheit zeigt sich erst recht in der besonderen Form der Wechselwirkung, die zum Meßvorgang erforderlich ist. Durch eine Beobachtung werden der Meßapparat und das untersuchte System ein Ganzes. Sie sind nun nicht mehr einzeln beschreibbar, über sie können wir noch nicht einmal mit gleichen Begriffen reden. Denn – so Bohr – das zum Versuch verwendete Gerät gehorcht der klassischen Physik und muß also mit deren Konzepten beschrieben werden. Die Teilchen selbst gehorchen aber der

Quantenphysik. Wenn wir reden, *müssen* wir somit etwas tun, was wir nicht *dürfen*, nämlich trennen, was ein Ganzes ist.

Durch diese eigentlich verbotene Trennung verlieren wir Informationen, wir kennen nur noch die Wahrscheinlichkeit, mit der ein Quantenobjekt etwas tut. Dennoch bleibt unsere Beschreibung des Systems nach Bohr vollständig, wenn wir die experimentelle Anordnung miteinbeziehen, mit der wir die Teilchen analysieren. Die wichtige Konsequenz, die hieraus zu ziehen ist, macht den erwähnten metaphysischen Aspekt der Komplementarität deutlich: In der Quantenmechanik kann man nichts über ein individuelles Teilchen (ein Elektron zum Beispiel) sagen, das ohne jede Wechselwirkung existiert und auch nicht beobachtet wird. Ein isoliertes Teilchen gehört nicht zur physikalischen Wirklichkeit. Es macht keinen Sinn, von seinem Zustand zu sprechen. Es hat gar keinen.

Diese kuriose Ganzheit der Quantenzustände mehrerer Teilchen ist heute eine gesicherte Tatsache. Sie wurde im Versuch nachgewiesen. Man hat weder Einstein noch Bohr, man hat die Natur selbst gefragt. Und sie hat geantwortet. So seltsam es auch zu sein scheint, Bohr hatte recht gehabt. Daß dies von einigen Philosophen heute noch bestritten wird (L17), hätte Bohr nicht gewundert. Das reine Denken ist eben nur eine von zwei komplementären Möglichkeiten, wie man von der Wirklichkeit lernen kann.

Der Weg zur experimentellen Prüfung der Ganzheit wurde durch eine Entdeckung des schottischen Physikers John Bell aus dem Jahre 1964 möglich, also zwei Jahre nach Bohrs Tod. Bell fand heraus, bis zu welchem Grad Quantensysteme ein nicht zu zerlegendes Ganzes bleiben, wenn sich die in Wechselwirkung befindlichen Teile weit voneinander entfernt haben. Dies gelingt mit Hilfe der sogenannten Bellschen Ungleichung (L1), die experimentell überprüft werden kann.

Das Wesentliche der Bellschen Überlegungen und die Anwendung im Versuch können kurz beschrieben werden. Bell stellte sich Atome vor, die angeregt werden können und beim Übergang in den Grundzustand zwei Photonen in entgegengesetzte Richtungen aussenden. Deren Polarisation kann gemessen werden.

Er konnte Ungleichungen aufstellen, die durch die Ergebnisse solcher Messungen genau dann verletzt werden können, wenn es die beschriebenen quantenmechanischen Korrelationen gibt. Sie wirken instantan und widersprechen somit scheinbar einem Prinzip der Relativitätstheorie von Einstein, der zufolge sich keine Information schneller als Lichtgeschwindigkeit ausbreiten kann.

Intuitiv und ohne Vorbelastung durch die Quantenmechanik würde man annehmen, daß die Wahrscheinlichkeit dafür, daß eines der beiden Photonen (zum Beispiel das rechte) seinen Filter passiert, nicht von der Richtung abhängt, in der der andere (in diesem Fall linke) Polarisator eingestellt ist. Genau dies aber ist der Fall und genau in dem Maß, in dem Bell es unter der Annahme vorhergesagt hat, daß die Quantentheorie richtig ist. Sie erlaubt nämlich den Quantenzuständen der Photonen, die einmal zusammengewesen waren, nicht, voneinander unabhängig zu werden, auch wenn sie meterweit voneinander entfernt sind.

Ergibt sich durch diese Quantenkorrelation nun ein Konflikt mit der Relativitätstheorie? Breitet sich da nicht eine Wirkung mit unendlicher Geschwindigkeit aus? Wie kann der Quantenzustand des linken Photons von einer Messung abhängen, die am rechten Photon gemacht worden ist? Die Antwort haben wir oben schon gegeben. Hier werden nicht mit Überlichtgeschwindigkeit Informationen zwischen Teilchen im realen Raum übermittelt, hier werden Korrelationen zwischen Quantenzuständen vermittelt, die durch mathematische Größen in einem (unwirklichen) Hilbertraum repräsentiert sind.

Die Quantenmechanik macht weder Voraussagen, die im Widerspruch zur Relativitätstheorie stehen, noch erfordert sie einen Informationsaustausch, der schneller als das Licht vonstatten geht. Sie sagt nur, daß das Verhalten von wirklichen Teilchen verstanden wird, wenn man sie durch Wellenfunktionen beschreibt, denen selbst keine Wirklichkeit entspricht. Und alle sich daraus ergebenden Vorhersagen konnten im Versuch bestätigt werden. Es gibt kein Experiment, das der Quantenmechanik widerspricht.

»Gott würfelt nicht«

Die Wirklichkeit ist eben anders, als selbst Einstein sich vorstellen konnte. Er hatte in seiner mit Podolski und Rosen verfaßten Arbeit schon mit den Einwänden gerechnet, die Bohr dann auch vorbrachte:

»Tatsächlich würde man nicht zu unserer Schlußfolgerung [der Unvollständigkeit der Quantenmechanik] gelangen, bestünde man darauf, zwei oder mehr physikalische Größen nur dann zugleich als Element der Realität zu betrachten, wenn sie gleichzeitig gemessen oder vorhergesagt werden können [...] Dadurch wird der Realitätsanspruch [...] vom Vorgang der Messung abhängig, die am ersten System ausgeführt wird und die auf keine Weise das zweite System beeinflußt. Man darf nicht erwarten, daß dies irgendeine vernünftige Definition der Realität zuläßt.« (L1)

Kein Zweifel, zwischen Bohr und Einstein bestanden 1935 große Differenzen hinsichtlich der Fragen, was wirklich ist und was die Physik sagen oder wissen kann. Sie waren auch 1949 noch nicht beigelegt, als Bohr seinen Bericht gab. Einstein erwiderte darauf, daß er mit der Lösung, die Bohr mit der Komplementarität anbot, nichts anfangen könne. Trotz größter Anstrengungen sei es ihm nicht gelungen, *klar* zu formulieren, was dieses Kunstwort bedeute (L21). Worauf Bohr geantwortet haben soll, daß gerade Klarheit und Wahrheit typische Beispiele für komplementäre Begriffe sind.

Die Debatte zwischen Einstein und Bohr kam 1949 zu einem Ende; die beiden lieferten danach keine direkten Beiträge mehr dazu. Nachgedacht hat aber zumindest Bohr bis zu seinem Tode über die Fragen. Die letzte Skizze, die Bohr am Vorabend seines Todes auf die Tafel seines Studierzimmers zeichnete, stellte das mit Einstein diskutierte Photon im Kasten dar.

Warum war diese Diskussion nun so bedeutend, und warum ist sie im Grunde immer noch nicht entschieden? Man kann darauf zwei Antworten geben. Einmal ist zu beachten, daß Bohrs Antwort unserer Anschauung in jeder Hinsicht widerspricht. Wenn sie richtig ist, taucht die Frage auf, wieso es Menschen möglich ist, die als Quantenmechanik bezeichnete Fassung der Wahrheit zu finden. Wieso bleiben wir mit unserer Einsicht nicht auf das beschränkt, was wir mit unseren Sinnen kennengelernt haben? Wieso ist Quantenmechanik denkbar? Eine erste Diskussion zu diesen Fragen hat Max Delbrück am Ende seines Lebens vorgelegt (L3, L5).

Die zweite Antwort findet sich darin, daß das eigentliche Thema der Debatte nicht so sehr die durch eine physikalische Theorie ausgedrückte oder erfaßte Wirklichkeit war. Das zugrundeliegende Thema hieß vielmehr Gott. So überraschend dies zunächst erscheint: zumindest bei Einstein war oft von Gott die Rede, wenn es um die Deutung der Physik ging. Sein wohl berühmtester Satz lautet: »Raffiniert ist der Herrgott, aber boshaft ist er nicht.«

Und die statistische Deutung der Quantenmechanik, das Sichabfinden der übrigen Physiker mit Wahrscheinlichkeiten lehnte Einstein ab, weil er der Meinung war, daß Gott nicht würfelt, wie er Bohr schrieb. In einem Brief vom 4. April 1949 ging Einstein ein letztes Mal auf die Frage nach der Wirklichkeit ein. Er bedankte sich für Bohrs Glückwünsche zum 70. Geburtstag und schrieb:

»Jedenfalls ist dies eine der Gelegenheiten, die nicht von der bangen Frage abhängt, ob Gott wirklich würfelt und ob wir an einer der physikalischen Beschreibung zugänglichen Realität festhalten oder nicht.« (B9)

Einstein faßte seine Antwort an Bohr in einem alten Refrain zusammen:

»Ueber diese Rede des Kandidaten Jobses
Allgemeines Schütteln des Kopfes.«

Bohr antwortete auf ähnlich scherzhafte Weise am 11. April 1949 (B10). Er könne nicht umhin, »über die bangen Fragen zu sagen, daß es sich meines Erachtens nicht darum handelt, ob wir an einer der physikalischen Beschreibung zugänglichen Realität festhalten oder nicht, sondern darum, den [von Einstein] gewiesenen Weg weiter zu verfolgen und die logischen Voraussetzungen für die Beschreibung der Realitäten zu erkennen. In meiner frechen Weise möchte ich sogar sagen, daß niemand – und nicht einmal der liebe Gott selber – wissen kann, was ein Wort wie würfeln in diesem Zusammenhang heißen soll.«

Kann man verstehen, warum Einstein den von ihm gewiesenen Weg nicht gegangen ist, warum nur Bohr dies vermochte? Wenn wir die Debatte zwischen Bohr und Einstein in einem theologischen Kontext sehen, dann lautet das Thema, ob eine atheistische wissenschaftliche Annäherung an die Welt überhaupt eine rationale Möglichkeit ist. Natürlich hat man keine Schwierigkeiten, Wissenschaftler zu finden, die nicht an Gott glauben oder die wirklich glauben, nicht an Gott zu glauben. Aber haben sie diesen Gedanken wirklich zu Ende gedacht, und sind sie bereit, die philosophischen Konsequenzen zu tragen? Bohr jedenfalls versuchte, gleichzeitig Wissenschaftler und wahrhaftiger Atheist zu sein.

Einstein nahm in gewisser Weise einen einfacheren Standpunkt ein. Er repräsentiert die traditionelle monotheistische Einstellung der westlichen Wissenschaft. Dabei wurde Einstein in seiner Zeit vom breiten Publikum als typischer gottloser Wissenschaftler angesehen. Als er auf dem Höhepunkt seines Ruhms 1929 in die USA reisen wollte, sorgte sich der New Yorker Rabbiner Goldstein um die Konsequenzen für seine Gemeinde und telegraphierte: »Glauben Sie an Gott?« Einsteins Antwort zeigt, daß er konservativer dachte, als man annahm. Er telegraphierte zurück, daß er an den Gott Baruch de Spinozas glaube, der sich in der Harmonie alles Seienden offenbare, nicht aber an einen Gott, der das Schicksal der Menschen bestimmt.

Von solch einem Standpunkt aus besteht die Aufgabe der Wissenschaft darin, die Intention und das Design des Schöpfers zu ergründen. Ein Physiker betrachtet die Wirklichkeit in diesem Lichte wie ein Archäologe die Steine von Stonehenge. Er ist sicher, daß hinter ihrer Aufstellung ein Plan liegt, den es zu finden gilt. Der Vorteil für den Archäologen liegt darin, daß er annehmen kann, daß die Bewohner von Stonehenge ebenso rational dachten wie er selbst. Aber da Gott den Menschen zu seinem Ebenbild gemacht hat, sollte eine gewisse rationale Affinität bestehen und einem Physiker ermöglichen, Naturgesetze zu entdecken.

Bohr dachte da völlig anders. Für ihn war jeder Gott – auch der von Spinoza – noch nicht einmal eine Möglichkeit, die man verwerfen konnte. Die Welt ist keine Schöpfung eines Gottes, sie ist für Bohr – wie das Quantum der Wirkung – einfach da, und wir sind ein untrennbarer Teil von ihr. Wir sind zugleich Akteure und Zuschauer im großen Drama des menschlichen Lebens, einem Drama, das keinen Autor hat und dem keine Handlung unterliegt.

Bohr konnte mit der Quantenmechanik zufrieden sein. Das Fehlen einer kausalen Determiniertheit störte ihn nicht, und ihre Beschreibung der Wirklichkeit genügte ihm. Bohr stand damit der fernöstlichen Philosophie und ihren Weisheiten viel näher als den nahöstlichen Religionen. An den Religionen mißfiel ihm besonders, daß man von vornherein darauf verzichtete, den verwendeten Worten einen eindeutigen Sinn zu geben. So sah er nicht ein, »was es bedeuten soll, wenn vom ›Sinn des Lebens‹ gesprochen wird. Das Wort ›Sinn‹ soll doch immer eine Verbindung herstellen zwischen dem, um dessen Sinn es sich handelt, und etwas anderem, etwa einer Absicht, einer Vorstellung, einem Plan. Aber das Leben – damit ist doch das Ganze gemeint, auch die Welt, die wir erleben, und da gibt es doch nichts anderes, mit dem wir es verbinden könnten.« (L9) Bohr sah nur eine Möglichkeit, diesen Begriff sinnvoll zu verwenden:

»Der Sinn des Lebens besteht darin, daß es keinen Sinn hat zu sagen, daß das Leben keinen Sinn hat. So bodenlos ist eben dieses ganze Streben nach Erkenntnis.«

Nur die Sprache bewahrt uns vor dem Absturz in einen bodenlosen Schacht. In ihr sind wir nicht nur gefangen. In ihr sind wir auch frei, Gleichnisse zu verwenden. Die Quantenmechanik betrachtete Bohr als Beispiel für den Fall, »daß man einen Sachverhalt in völliger Klarheit verstanden haben kann und gleichzeitig doch weiß, daß man nur in Bildern und Gleichnissen von ihm reden kann« (L9). Gerade diese Eigenschaft der neuen Physik erinnerte ihn an die Weisheit der Chinesen, die die Wahrheit nur in Erzählungen und Anekdoten aussprachen. Bohr erzählte in diesem Zusammenhang gern die Legende von den drei Philo-

sophen, denen ein Schluck Essig (»Lebenswasser« auf chine-
sisch) gereicht wurde. Der erste sagte: »Es ist sauer.« Der zweite
sagte: »Es ist bitter.« Der dritte war Laotse. Er sagte: »Es ist
frisch.«

»Das Verlangen nach einer offenen Welt«

Das Innere der Atome

Der Schritt von den sichtbaren Dingen zu den unsichtbaren Atomen hatte einen Umsturz im Weltbild der Physik und damit im Denken der Menschen erzwungen. Nur mit der als Quantenmechanik bezeichneten geistigen Revolution war es Mitte der zwanziger Jahre gelungen, die Atome zu verstehen. Der Grund, warum die herkömmlichen Vorstellungen im atomaren Theater versagten, lag vermutlich darin, daß die Gegenstände auf seiner Bühne so viel kleiner waren als die der alltäglichen Welt. Genauer gesagt, erst Milliarden von Atomen bilden eine Strecke, die wir uns vorstellen können: einen Zentimeter.

Um in das Innere der Atome zu gelangen, mußte erneut ein Sprung von mehreren Größenordnungen gemacht werden. Ein Atomkern ist etwa 10 000mal kleiner als die Elektronenhülle, die ihn umgibt. Einige Physiker – allen voran Bohr und Heisenberg – erwarteten zu Beginn der dreißiger Jahre, daß eine Theorie des Atomkerns nur mit einer neuen Revolution des Denkens gelingen könnte. Ihre Hoffnungen begründeten sie mit den Beobachtungen, die beim sogenannten Betazerfall gemacht wurden. Bei diesem Ereignis schienen Elektronen aus radioaktiven Atomkernen geschleudert zu werden. Dies war unvereinbar mit der Unbestimmtheitsrelation. Ein Kern war ihr zufolge zu klein, um ein Elektron beherbergen zu können. In dem Fall hätte dessen Geschwindigkeit zu sehr schwanken müssen.

Noch 1929 trug sich Bohr (erneut) mit dem Gedanken, den Energiesatz zu opfern, um den Betazerfall erklären zu können (genauer gesagt, um sein kontinuierliches Spektrum zu verstehen). Wolfgang Pauli widersprach ihm heftig. Er fand 1930 schließlich den Weg, der die Erhaltung der Energie auch im Bereich der Kerne garantierte. Pauli nahm an, daß der Betazerfall durch die Umwandlung eines Kernbausteins zustande kommt, bei dem ein Elektron und ein elektrisch neutrales Teilchen mit verschwindender Ruhemasse (»Neutrino«) entstehen. Die Elektronen *sind* dann nicht im Kern, sie *werden* dort erst. Sie werden geschaffen in dem Vorgang, der den beobachteten Betazerfall nach sich zieht, und anschließend sogleich aus dem Kern herausgeschleudert.

Wie sich im Laufe der Jahre herausstellte, war Paulis Hypothese richtig. (Es war allerdings sehr schwierig, die Neutrinos experimentell nachzuweisen. Pauli selbst hatte geglaubt, daß es niemals gelingen würde, solch ein »Nichts, das sich dreht«, wirklich zu finden.) Sie stieß unter anderem deshalb auch bei Bohr auf Widerstand, weil bisher niemand im Atom ein elektrisch neutrales Teilchen beobachtet hatte. Alle atomaren Partikel schienen geladen zu sein.

Diese Lage – und mit ihr die der Kernphysik – änderte sich entscheidend 1932. Zu Beginn dieses Jahres erreichte die Physiker die Nachricht, daß es James Chadwick gelungen war, die Existenz eines elektrisch neutralen Kernbausteins nachzuweisen, der eine dem Proton vergleichbare Masse besaß. Das Neutron war entdeckt worden.

Unmittelbar wurde klar, daß ein Kern aus Protonen und Neutronen zusammengesetzt ist, zwischen denen eine besondere Form der Wechselwirkung angenommen werden mußte – sie heißt heute die starke Wechselwirkung –, welche in der Lage ist, die Kraft zu erklären, die einen Kern zusammenhält. Die Hoffnung auf eine neue Revolution war verflogen. Man brauchte nur noch ein neues Modell im nun schon alten Rahmen.

Das Neutron war aber nicht nur eine Hilfe für die Theoretiker. Es wurde von überragender Bedeutung für die Versuche, sich dem Atomkern experimentell zu nähern. Selten zeigte sich das Janusgesicht des Fortschritts so deutlich. Das Neutron machte den Atomkern gleichzeitig stabil (in der Theorie) und zerbrechlich (in der Praxis). Alle bisherigen Bemühungen, einen Kern zu zertrümmern, waren mehr oder weniger daran gescheitert, daß die positive Ladung des Kerns die ebenfalls positive Ladung der einzig verwendbaren Alphateilchen einfach abstieß. Die ungeladenen Neutronen hingegen konnten ohne Mühe bis zum Kern vordringen. Enrico Fermi entdeckte 1934 in Rom, daß so die Tür zum Kern geöffnet werden konnte. Das Innere der Atome war jetzt erreichbar.

Um auch in Kopenhagen entsprechend experimentieren zu können, wurde eine Quelle für Neutronen benötigt. In Frage kam das Element Radium, welches die gewünschten Teilchen aussendet, wenn es geeignet mit einem Pulver aus Beryllium gemischt wird. Für Dänemark stellten sich dabei große finanzielle Probleme. Radium war teuer. Man ergriff die Gelegenheit, daß Bohr 50 Jahre alt wurde, und sammelte im Rahmen einer Spendenaktion in Dänemark 100 000 Kronen, um 0,6 Gramm Radium einkaufen und Bohr schenken zu können.

Bei all diesen Entwicklungen blieb die Physik in der ersten Hälfte der dreißiger Jahre ein ungefährlicher Spielplatz für Ideen und intellektuelle Abenteuer. Niemand dachte an militärische Anwendungen, Bohr vor allem an die philosophischen Konsequenzen. Er nahm sich Zeit, entsprechende Bücher zu lesen, und im Winter 1931/32 beschäftigte ihn das Werk des amerikanischen Pragmatikers William James (L12).

Anfang der dreißiger Jahre kam Bohr auf Einladung Heisenbergs zum Skilaufen nach Deutschland. Heisenberg hatte bei der Renovierung einer bayerischen Almhütte am Südhang des Großen Traithen mitgeholfen und als Gegenleistung das Recht erbeten, sie im Winter als Skiunterkunft benutzen zu können. Bohr verbrachte hier zusammen mit seinem Sohn Christian einige Tage im Winter 1933. Weitere Gäste auf der Hütte waren Felix Bloch und Carl Friedrich von Weizsäcker.

Bei der Verteilung der Pflichten – Kochen und Spülen – wurde Bohr mit dem Abwasch beauftragt. Er machte sich ans Werk und sah am Ende nachdenklich auf das saubere Geschirr. Verwundert stellte er fest:

»Daß man mit schmutzigem Wasser und einem schmutzigen

Niels Bohr und Werner Heisenberg beim Skifahren.

Tuch schmutzige Gläser sauber machen kann – wenn man das einem Philosophen sagen würde, er würde es nicht glauben.« (L9, L24)

Diese Küchenweisheit war nicht gegen die philosophische Denkweise gerichtet – sie entsprach viel zu sehr seiner eigenen Einstellung –, Bohrs Überlegung wollte verdeutlichen, daß die Annahme falsch ist, beim Denken könne man mit klaren Begriffen beginnen und sich zur Wahrheit vorarbeiten. Tatsächlich stehen uns zunächst nur unklar definierte Begriffe zur Verfügung, wir verwenden weiter ungenaue experimentelle Ergebnisse, und wir formulieren unser Ergebnis in einer Sprache, deren grammatische Regeln wir nur ungenügend durchschauen. Dennoch machen wir Fortschritte – zum Beispiel in der Physik –, wir erkennen die atomaren Phänomene, unsere Begriffe werden im Verlauf einer wissenschaftlichen Analyse schärfer. Bohr hielt es geradezu für das Charakteristikum der Naturwissenschaften, hier nicht von vornherein die Hoffnung aufgeben zu müssen, daß die Begriffe am Ende etwas klarer sind als am Anfang.

Das nächste Jahr (1934) begann für die Familie Bohr mit einem Ereignis, der Anlaß zu Freude gab: Niels' Bruder Harald wurde Direktor des mathematischen Institutes der Universität Kopenhagen, das neben dem Institut für theoretische Physik gebaut worden war. Die Gebäude waren sogar miteinander verbunden. Niels nutzte die Möglichkeit weidlich, um sich vor wichtigen Entscheidungen mit Harald auszusprechen, nicht zuletzt, weil er dabei reichlich Zeit fand, seine unvermeidliche Pfeife zu rauchen.

Diese Freude wurde im Sommer 1934 auf entsetzliche Weise überlagert. In den Ferien unternahm Bohr wie in den Jahren zuvor mit seinen Freunden Niels Bjerrum, Ole Chievitz und Halfdan Hendriksen eine große Segeltour. Auch sein 18jähriger Sohn Christian war mitgefahren. An einem stürmischen Tag wurde der junge Bohr plötzlich von Bord gerissen. Als sein Vater das Unglück bemerkte, war Christian schon nicht mehr zu sehen. Bohr wollte seinem Sohn nachstürzen, wurde aber von seinen Freunden zurückgehalten. Jedes Suchen kam zu spät. Christian blieb verschwunden.

Die Spaltung des Kerns

Enrico Fermis Idee von 1934, Kerne mit Neutronen zu beschießen, hatte Folgen, die wir heute noch tragen und die vielleicht zu schwer für die Menschen sind. Mit ihr gelang es 1938, schwere Kerne wie die des Urans zu spalten. Wahrscheinlich war die Spaltung des Urankerns vielen Physikern schon in den Jahren zuvor gelungen, doch hatten sie die erzielten Ergebnisse falsch gedeutet. Unter Physikern schien es eine ausgemachte Sache, daß ein Kern, der ein Neutron einfängt, schwerer wird und so bleibt. Aus Uran, dem schwersten aller Elemente, war ihrer Meinung nach einfach ein Transuran geworden.

Erst als die Chemiker Otto Hahn und Fritz Straßmann Ende 1938 in Berlin die entstandenen Produkte genauer analysierten, stellten sie zu ihrer Überraschung fest, daß beim Beschuß von Uran mit Neutronen das viel leichtere Element Barium entstand. Sie kamen zu dem Schluß, daß sie den Urankern in zwei ungleiche Teile gespalten hatten. Sie verstanden allerdings nicht, wie das passiert sein konnte. Vor allem blieb ohne eine physikalische Vorstellung vom Bau der Kerne unklar, woher die Energie zur Spaltung gekommen war.

Hahn und Straßmann hatten ihre Ergebnisse Lise Meitner mitgeteilt, die jahrelang gemeinsam mit Hahn in den Kaiser-Wilhelm-Instituten radioaktive Substanzen analysiert hatte. Die Nazis hatten sie 1938 nach dem Anschluß Österreichs aus Deutschland vertrieben. Lise Meitner mußte nach Stockholm fliehen, wo sie Weihnachten 1938 Besuch aus Kopenhagen von ihrem Neffen Otto Robert Frisch erhielt, der bei Bohr arbeitete. Zur gleichen Zeit traf Hahns Brief mit den Ergebnissen der chemischen Analyse aus Berlin ein. Der Physiker Frisch bezweifelte zunächst die mitgeteilten Ergebnisse, doch seine Tante wußte, wie genau Hahn und Straßmann arbeiteten. Es galt, das Berliner Ergebnis zu verstehen und eine Erklärung der Spaltung zu finden.

Frisch schlug vor, sich an dem Tröpfchenmodell des Kerns zu orientieren, das der Russe George Gamow in Kopenhagen ersonnen und Bohr präzisiert hatte. Hierin wird ein Atomkern wie ein

Wassertropfen aufgefaßt, den eine sogenannte Oberflächenspannung zusammenhält. Der Urantropfen ist nun offenbar so groß, daß jede zusätzliche Flüssigkeitsmenge ihn zum Platzen bringt. Eine kurze Berechnung zeigte, daß dabei Energie freigesetzt wird. Die Zerfallsprodukte (Barium und Krypton) waren zusammen etwas leichter als der Ausgangskern (Uran). Die fehlende Masse war in Energie umgewandelt worden – gemäß der berühmten Relation von Einstein, der zufolge die in der Materie vorhandene Energie gleich der mit dem Quadrat der Lichtgeschwindigkeit multiplizierten Masse ist. In wenig Materie befindet sich unvorstellbar viel Energie. Sie konnte nun mit der Spaltung eines Urankerns durch Neutronenbeschuß freigesetzt werden.

Hahn hatte nur mit winzigsten Mengen experimentiert und offenbar nur wenige einzelne solcher Spaltereignisse beobachtet. Frisch und Meitner wurde aber schnell klar, welch riesige Energiemenge frei würde, wenn man einen ganzen Klumpen Uran spalten könnte. Frisch mußte sofort mit Bohr sprechen und eilte Anfang Januar 1939 nach Kopenhagen zurück. Bohr hatte nur wenig Zeit, da er noch am selben Tag zu einer Reise in die USA aufbrechen wollte. Frisch brauchte aber keine langen Erklärungen abzugeben. Schon nach wenigen Minuten faßte Bohr sich an den Kopf und rief aus: »Ach, was für Idioten wir doch alle waren! Das ist ja wunderbar! Genauso muß es sein!« (L20) Bohr riet Frisch dringend, in einer Arbeit mit Meitner ihre Theorie der Kernspaltung zu veröffentlichen. Um ihr Urheberrecht zu sichern, versprach Bohr, erst dann in Amerika davon zu erzählen, wenn die Arbeit eingereicht war.

Er nutzte die Überfahrt nach Amerika zu intensiven Diskussionen der Spaltungstheorie mit Léon Rosenfeld, der ihn begleitete. Bohr hatte Frisch nur versprochen, selbst nichts in Amerika davon zu erzählen; er vergaß allerdings, Rosenfeld auf diese Zusage hinzuweisen, und so kam es, daß Rosenfeld die Amerikaner über die Kernspaltung informierte, noch bevor Frisch und Meitner ihre Arbeit geschrieben und eingereicht hatten. Es kostete Bohr dann viel Zeit, Mühe und Telephongespräche, um klarzustellen, von wem die Idee stammte (L14). Die Amerikaner jedenfalls erwähnten Frisch und Meitner in ihren Artikeln nicht.

Bohrs eigene physikalischen Gedanken kreisen natürlich ebenfalls um das Problem der Spaltung. Er sah hier eine Chance, mehr über die Physik eines Atomkerns zu lernen. Gemeinsam mit John Archibald Wheeler arbeitete er in Princeton an einer *Theorie der Kernspaltung* (31). Dabei entwickelten beide den entscheidenden Gedanken, der letzten Endes in der Atombombe realisiert wurde. Bohr und Wheeler fragten sich, ob nicht bei der Spaltung eines Urankerns wiederum Neutronen freikommen, die dann andere Kerne treffen und spalten können. Auf diese Weise sollte eine Kettenreaktion möglich sein, die explosionsartig anwächst. Auf den ersten Blick schien dies Unsinn zu sein, denn so wäre längst alles Uran von der Erde verschwunden. In jedem Uranvorkommen hätte im Laufe der Erdgeschichte ein spontaner Neutroneneinfang stattgefunden und alles in die Luft gesprengt.

Bohr sah rasch, wo der Fehler in dieser Überlegung steckte. Natürliche Uranvorkommen bestanden aus zwei Isotopen, das heißt, es gab zwei chemisch ununterscheidbare Uranatome mit verschieden großen Kernen. Der kleinere Urankern enthält 235 Bausteine, der größere drei Neutronen mehr, also insgesamt 238 Bausteine. Für Bohr war es offensichtlich (im Rahmen seiner Theorie eines Compoundkerns), daß sich nach dem Neutroneneinfang nur ein Kern mit gerader Teilchenzahl spalten kann. Dies mußte das leichtere Uran 235 sein, denn ein zusätzliches Neutron führt zu 236 Kernbausteinen. Innerhalb von nur zwei Tagen fertigte Bohr einen 1000 Wörter umfassenden Aufsatz an, in dem er die detaillierte Darstellung seiner und Wheelers Idee ankündigte – ein für Bohr ungewöhnliches Arbeitstempo.

Die Theoretiker griffen mit dieser Einsicht dem Experiment vor. Erst ein Jahr danach wurde im Versuch bestätigt, was Bohr gedacht hatte: Nur das leichtere Uran 235 war spaltbar. Mit dieser Feststellung schien jeder Gedanke an eine Verwendung der Kernspaltung zur Waffenproduktion überflüssig zu sein. Denn in der Natur kam das spaltbare Uran sehr viel seltener als das schwerere Uran 238 vor. Bohr jedenfalls sah keine Veranlassung, an eine Nutzung seiner Vorstellungen zur Herstellung von Bomben zu denken. Und wahrscheinlich hätte sich auch lange Zeit kein Physiker ernsthaft darum bemüht, Verfahren zu ersinnen, mit denen das spaltbare Material angereichert werden konnte, wenn die politische Welt ruhig geblieben wäre. Doch die Entdeckung und Deutung der Kernspaltung war den Wissenschaftlern am Vorabend des zweiten Weltkriegs gelungen. Die Welt geriet aus ihren Fugen. Der Frieden wurde gebrochen, die Kopenhagener Gemeinschaft löste sich auf, aus wissenschaftlichen Kollegen wurden Gegner. Eine schreckliche Zeit begann.

Der Tod, der alles raubt

Die Spaltung der Wissenschaftler hatte 1933 begonnen. In Deutschland hatten die Nazis die Macht übernommen und rasch damit begonnen, jüdische Gelehrte zu vertreiben. Niels und Harald Bohr halfen sofort, ein Komitee für emigrierte Intellektuelle zu gründen. Bei einem damaligen Besuch in den Vereinigten Staaten führte Niels Bohr eine lange Namensliste mit, auf der Wissenschaftler verzeichnet waren, die eine Stellung in den Vereinigten Staaten suchten. Das Kopenhagener Institut war in vielen Fällen die erste Anlaufstation auf dem Weg in die neue Heimat.

Bohr sah die gewünschte internationale Zusammenarbeit gefährdet, die an seinem Institut so selbstverständlich war. Er unternahm Reisen, um auf die verbindende Kraft von Kultur und Wissenschaft hinzuweisen. 1934 besuchte er die Sowjetunion, und 1937 fuhr er sogar um die ganze Erde, um auch in Japan und China über seinen Traum von einer offenen Welt zu reden. Auf dieser Reise begleitete ihn – neben seiner Frau Margarete – sein Sohn Hans. Bohr hielt sich stets an seine Regel, auf längeren Auslandsreisen einen der Söhne mitzunehmen.

Doch kann der Frömmste nicht in Frieden leben, wenn es dem bösen Nachbarn nicht gefällt. Dänemarks Nachbar im Süden ist Deutschland, und wie dort gedacht wurde, erfuhr Bohr 1938. Er war eingeladen worden, vor den Teilnehmern eines Kongresses für Anthropologie und Ethnologie zu sprechen. Bohr sprach im Spätsommer dieses Jahres im Schloß Kronborg in Helsingør –

Hamlets Schloß – über *Erkenntnistheoretische Fragen in der Physik und die menschlichen Kulturen* (B39, B41). Er griff wieder auf seine Komplementaritätsidee zurück, um die Beziehung zwischen verschiedenen Kulturen zu beschreiben. Dabei sei wesentlich, daß *alle* menschlichen Rassen gleichberechtigt seien.

Als Bohr dies sagte, verließen die meisten der aus Deutschland angereisten Professoren den Saal. Sie betrachteten seine Rede als Provokation. Die deutschen Lehrstuhlinhaber waren empört, daß Bohr das Ziel einer humanistischen Forschung darin sah, »durch zunehmende Kenntnis der Entwicklungsgeschichte der Kulturen allmählich Vorurteile zu entfernen und damit dem gemeinsamen Ziel aller Wissenschaft näherzukommen« (B39). Als wenige Monate später die Judenpogrome ihren ersten Höhepunkt in der Kristallnacht fanden, ahnte Bohr, was Europa bevorstand. Er bemühte sich zu helfen, wo er konnte.

In einem Fall durchbrach er dazu sogar die Satzungen der Nobelpreisstiftung. Bohr wurde informiert, daß der Italiener Fermi den Nobelpreis für Physik des Jahres 1938 bekommen sollte. In Italien herrschte inzwischen Benito Mussolini, und Bohr wollte Fermi vor dessen Zugriff bewahren. Bohr teilte Fermi mit, was er wußte, und Fermi bereitete seine Emigration vor. Er bestand darauf, den Preis persönlich entgegenzunehmen, reiste mit seiner Familie nach Stockholm und entkam über Kopenhagen nach Amerika.

Einer, der Europa – genauer gesagt, Deutschland – nicht verlassen wollte, war Werner Heisenberg. Bohr achtete stets seine Motive. Heisenberg wollte niemandem in Amerika einen Platz wegnehmen, der ihn dringender brauchte, auch wollte er nicht einfach das Feld den Fanatikern überlassen. Bohr verstand aber nicht alle Kompromisse, die Heisenberg mit den Nazis einging, um dies zu erreichen. Das Verhältnis zwischen den beiden Physikern wurde nach 1939 distanzierter. Ein Gespräch war schwierig geworden.

Inzwischen waren deutsche Truppen in Polen einmarschiert – im Jahr zuvor noch hatte Bohr einen physikalischen Kongreß in Warschau besucht. Die deutsche Kriegsmaschinerie lief auf Hochtouren, und im April 1940 wurde auch Dänemark besetzt.

Es war eine kampflose Okkupation. Die Zeit des passiven Widerstands begann, an dem sich auch Bohr beteiligte.

Zur gleichen Zeit war in Amerika die eigentliche Lawine, die auf Bohr zukommen sollte, ausgelöst worden. Am 2. August 1939 hatte Einstein den amerikanischen Präsidenten Franklin Roosevelt darauf hingewiesen, daß Deutschland die Ausfuhr von Uran verboten habe. Einstein sah die Möglichkeit, daß die Nazis eine Atomwaffe entwickelten, und er empfahl den Amerikanern, den Deutschen zuvorzukommen.

Die Vorstellung, Adolf Hitler könnte Atomwaffen besitzen, wurde für viele Physiker zum Alptraum, als deutsche Truppen große Teile von Europa besetzt hielten, englische Städte bombardierten und auf Moskau zumarschierten. Bohr hielt allerdings zu Beginn der vierziger Jahre Kernexplosionen immer noch für militärisch wertlos. Er konnte auch nicht wissen, daß in den USA bereits der erste Kernreaktor in Betrieb genommen worden war und die großtechnische Trennung der Uranisotopen vorbereitet wurde. Wissenschaft war zur Geheimsache geworden.

Bohr wußte nicht mehr, was in Amerika gemacht wurde, er wußte noch viel weniger, wie weit die Deutschen waren. Mußte man damit rechnen, daß Deutschland versuchte, eine Atombombe zu bauen? Wenn Bohr geahnt hätte, wie ausschließlich die Naziregierung auf Projekte setzte, die unmittelbar im Krieg verwendet werden konnten, hätte er sich keine Sorgen gemacht. Ein Uranprojekt kam dafür nicht in Frage. Ohne jede Information mußte Bohr natürlich fürchten, daß an Kernwaffen gearbeitet wurde. Das einzige, was er sicher kannte, war die Qualität der deutschen Physiker: Sie hatten alle bei ihm gelernt.

So schwankte Bohr in seiner Beurteilung der Gefahr, als er im September 1941 überraschenden Besuch aus Deutschland erhielt. Ein deutsches wissenschaftliches Institut in Kopenhagen hatte eine astrophysikalische Arbeitswoche organisiert und dazu Heisenberg eingeladen, der zusammen mit Carl Friedrich von Weizsäcker in das besetzte Dänemark reiste. Heisenberg hatte kurz nach Ausbruch des Krieges den Auftrag erhalten, zusammen mit anderen Physikern die Nutzbarkeit der Kernenergie zu erkunden. Als er sich auf den Weg nach Kopenhagen machte, war der deutsche Uranverein zu der Ansicht gekommen, daß Kernwaffen zwar im Prinzip gebaut werden könnten, daß der Aufwand dafür aber zu groß sei. Vielleicht – so hoffte Heisenberg im Herbst 1941 – war man in Amerika zu ähnlichen Ansichten gekommen, und es war den Physikern daher noch möglich, selbst »zu entscheiden, ob der Bau von Atombomben versucht werden solle oder nicht« (L9).

Heisenberg wollte die Einladung nach Kopenhagen zu einem Gespräch mit Bohr nutzen. Er hoffte, Bohr könne immer noch zwischen den ehemals befreundeten und nun verfeindeten Physikern vermitteln. Die beiden Begründer der Kopenhagener Deutung der Quantenmechanik trafen sich in Bohrs Wohnung in Carlsberg; sie erörterten das schwierige Thema der Atomwaffe aber erst bei einem Spaziergang zu zweit. Heisenberg mußte fürchten, daß Bohr von deutschen Stellen überwacht wurde und daß ihm jede angedeutete Absprache mit einem Gegner als Verrat ausgelegt und lebensgefährlich werden könnte.

Heisenberg berichtet in seinen Erinnerungen (L9), daß er das Gespräch mit einer vorsichtigen Andeutung darüber begonnen habe, daß Atombomben konstruiert werden können. Dies war – wie man heute sagen kann – ein schwerer Fehler. Bohr war entsetzt. Sein Land litt schon genug unter der deutschen Besatzung, und nun sprach sein bester und ehrgeizigster Schüler von der Möglichkeit, eine Atombombe zu bauen, die einen längerdauernden Krieg zu Deutschlands Gunsten entscheiden könnte. Dies jedenfalls entnahm Bohr Heisenbergs Äußerungen, wie Mitglieder der Familie berichteten, zu denen ein tief besorgter und betroffener Bohr nach dem Spaziergang zurückkehrte (L14, L19).

Er bemühte sich nun, Informationen über entsprechende Entwicklungen aus Deutschland zu bekommen, und gab sie nach England weiter. So kam es auch, daß er Anfang 1943 von der britischen Regierung gebeten wurde, auf die Insel zu kommen, um seine wissenschaftliche Arbeit in England fortzusetzen. Bohr erinnerte an die Worte von Hans Christian Andersen: »In Dänemark bin ich geboren, hier ist meine Heimat [...] von hier beginnt meine Welt«, und er blieb in Kopenhagen, obwohl sich die Lage zuspitzte. Der dänischen Widerstandsbewegung waren erste Sabotageakte gelungen, und der Befehlshaber der deutschen Armee hatte den Ausnahmezustand ausgerufen.

Im September 1943 wurde Bohr informiert, daß seine Verhaftung bevorstehe. Nun *mußte* er fliehen. Alle wichtigen Papiere und Unterlagen waren schon zu Beginn des Monats vernichtet worden. Als alle Vorbereitungen getroffen waren, blieb ein Problem: Was sollte mit den beiden Goldmedaillen geschehen, die James Franck und Max von Laue in Verbindung mit ihrem Nobelpreis bekommen und Bohr zur Aufbewahrung überlassen hatten? (Seine eigene Nobelmedaille hatte er einer finnischen Hilfsorganisation gespendet.) Bohr akzeptierte den Vorschlag, das Gold in Säure aufzulösen und anschließend in einer unauffälligen Flasche im Regal stehen zu lassen. Nach dem Krieg könne man das Gold wieder ausfällen und die Medaillen neu gießen.

In der Nacht zum 30. September verließen in einem Boot Niels und Harald Bohr zusammen mit ihren Frauen Dänemark; sie entkamen über den Öresund nach Schweden. Die Söhne folgten später auf dem gleichen Weg. Bohr hatte durch Eingaben an den schwedischen König mit dazu beigetragen, daß dieser Fluchtweg offengehalten wurde. In Stockholm erreichte Bohr erneut eine Einladung der britischen Regierung. Er bat darum, seinen Sohn Aage als Assistenten mitbringen zu dürfen, und am 12. Oktober flog er im Bombenschacht eines unbewaffneten britischen Kampfflugzeugs nach London. Hier erfuhr Bohr zum erstenmal davon, daß die Briten gemeinsam mit den USA ein Projekt betrieben, dessen Ziel die Atombombe war.

Der Vertrag dazu war im August 1943 von Roosevelt und Churchill unterzeichnet worden. Er sah unter anderem vor, alle Arbeiten und alle Experten in Amerika zu konzentrieren. So reisten auch Niels und Aage Bohr im November 1943 in die USA, wo sie unter den Namen Nicholas und James Baker in Los Alamos und Oak Ridge auftauchten. Bohr Interesse galt nicht so sehr der technischen Seite des Atombombenprojekts, er dachte schon jetzt an die politischen Folgen. Ihm kam es seltsam vor, daß man einem Verbündeten gegen Hitler – der Sowjetunion – alle Informationen vorenthielt. Nicht ein bilaterales Abkommen schien ihm sinnvoll, nur ein universeller Vertrag im gegenseiti-

Niels Bohr mit seiner Frau Margarete vor dem »Haus der Ehre« an seinem 70. Geburtstag.

gen Vertrauen schien ihm eine sichere Zukunft zu ermöglichen. Er forderte Offenheit gegenüber allen Partnern.

Bohr galt als moralisches Oberhaupt der Physiker, und so gelang es ihm, Kontakt mit Felix Frankfurter, einem Berater von Franklin Roosevelt, aufzunehmen. Der Präsident ließ mitteilen, er interessiere sich für Bohrs Vorschlag, warte aber auf eine Initiative Churchills. Man schickte Bohr in geheimer Mission nach London zurück, und im Mai 1944 konnte er 30 Minuten lang mit Churchill sprechen.

Das Gespräch führte zu einem Debakel. Bohrs Wunsch nach einer wahrhaft internationalen Kooperation grenzte in Churchills Augen an Hochverrat. Enttäuscht kehrte Bohr nach Washington zurück, wo er im August mit Roosevelt reden konnte. Der amerikanische Präsident reagierte zwar freundlicher und versprach, bei seinem nächsten Treffen mit dem britischen Premier die von Bohr angeschnittenen politischen Fragen zu besprechen (B37). Es ist aber wahrscheinlicher, daß er von Bohrs Wunsch nach Offenheit ebensowenig hielt wie Churchill.

Bohr jedoch fühlte sich zunächst ermutigt. Er begann, Vorschläge für internationale Kontrollmaßnahmen zu entwerfen, und schickte im März 1945 ein entsprechendes Memorandum an Roosevelt. Doch es erreichte seinen Adressaten nicht mehr. Roosevelt starb im April 1945. Sein Nachfolger, Harry Truman, konzentrierte seine Bemühungen darauf, mit einem ersten Einsatz der inzwischen testreifen Bombe den Krieg siegreich zu beenden. Bohr fühlte nun, daß er in den USA keine sinnvolle Aufgabe mehr erfüllen konnte, und kehrte nach Europa zurück, ohne die erste Testexplosion einer Atombombe abzuwarten.

Im Mai 1945 war Dänemark befreit worden, und Bohr wollte so schnell wie möglich in seine Heimat zurückkehren. Am 25. August war es endlich soweit. Die zweijährige Trennung der Familie Bohr war vorüber. Doch breitete sich ein Schatten über diesem Glück aus. Knapp drei Wochen zuvor war die erste Atombombe über Hiroschima abgeworfen worden. Der Tod, der alles raubt, war nun Wirklichkeit. Und mit ihm war die Welt eine andere geworden.

Ein Brief an die Vereinten Nationen

Im Oktober 1945 bot Bohrs 60. Geburtstag vielen »alten« Freunden die Gelegenheit, wieder Kontakte nach Kopenhagen herzustellen. Man versuchte, zum gewohnten Miteinander zurückzufinden. Doch die Welt hatte sich verändert. Eine Wissenschaft hatte ihre Unschuld verloren. Die Hochzeitsreise der Physiker war zu Ende.

Auch Heisenberg meldete sich (ohne das unglückliche Gespräch zu erwähnen) und schickte einige Abhandlungen, die in den Jahren des Kriegs entstanden waren. Bohr bedankte sich. Er hoffte, »daß es nicht lange dauern wird, bevor wir uns wieder treffen und unsere alte Zusammenarbeit wiederaufnehmen können. Ich vertraue darauf, daß wir alle glücklichere Tage sehen werden und daß die über unschuldige Menschen heraufgebrachten Schrecken durch vom Vorurteil verblendete Menschen eine Lehre für die ganze Menschheit sein werden, wie leicht die Kultur entarten kann, wenn die menschlichen Ideale aufgegeben werden.« (B8)

Bohr legte den Sonderdruck eines Artikels bei, der in der *Times* erschienen war (32) und in dem er betonte, daß die in der Atombombe spürbaren Folgen des wissenschaftlichen Fortschritts die friedliche und offene Zusammenarbeit zwischen allen Nationen eigentlich erzwingen. Er sprach sich bedingungslos gegen jede Form der Geheimhaltung aus.

Bohr bemühte sich in den folgenden Jahren aktiv um internationale Regelungen. Er hoffte auf die Hilfe seines alten Freundes Hendrik Anthony Kramers, der Direktor einer Atomenergiekommission geworden war, die den Vereinten Nationen unterstand. Doch kurzfristige Ost-West-Streitigkeiten verhinderten jede Verständigung über die langfristige Bedrohung, die mit der Wirklichkeit der Bombe in die Welt gekommen war. Bohr konnte seine Vorstellungen von einer offenen Welt nicht durchsetzen. (Nur in ihr sah er die Sicherheit aller Staaten garantiert.)

Im Jahre 1950 unternahm er einen letzten Versuch. Ein Jahr nach der Gründung der NATO und des Warschauer Pakts wandte er sich an die Weltöffentlichkeit. Bohr schrieb einen offenen Brief an die Vereinten Nationen, den er auf einer Pressekonferenz verlesen wollte. In ihm heißt es unter anderem:

»Da es für die Menschheit kaum in Frage kommt, auf die mögliche Verbesserung der materiellen Verhältnisse der Zivilisation durch Atomenergiequellen zu verzichten, ist offenbar eine tiefgreifende Anpassung der internationalen Verhältnisse notwendig, falls die Zivilisation weiterleben soll. Der entscheidende Punkt hierbei ist, daß jede Garantie dafür, daß die Fortschritte der Wissenschaft nur zum Nutzen der Menschheit angewandt werden, die gleiche allgemeine Haltung voraussetzt, die für die Zusammenarbeit zwischen den Nationen in allen kulturellen Bereichen unentbehrlich ist. [...]

Das höchste Ziel muß eine offene Welt sein, in der jede Nation sich allein durch ihre Beiträge zur gemeinsamen menschlichen Kultur und durch die Hilfe behaupten kann, die sie durch ihre Erfahrungen und Hilfsmittel den anderen zu leisten vermag. Beispiele hierfür können jedoch nur wirkungsvoll werden, falls man Schranken aufgibt und freie Diskussion über kulturelle und soziale Fragen über Landesgrenzen hinweg zuläßt.« (L23)

Bohr betont, daß »freier Zugang zu Information und ungehinderte Gelegenheit zu Gedankenaustausch überall zugelassen sein« muß. Er fährt dann fort:

»Die Entwicklung der Technik hat jetzt ein Stadium erreicht, in dem die Kontaktmöglichkeiten die ganze Menschheit zu einer zusammenarbeitenden Einheit zu verbinden vermögen, aber zugleich verhängnisvolle Folgen für die Zivilisation entstehen können, wenn nicht internationale Meinungsverschiedenheiten durch Verhandlungen auf Grundlage des freien Zugangs zu Informationen über alle diesbezüglichen Fakten überwunden werden könne.

Gerade die Tatsache, daß das Wissen selbst die Grundlage jeder Zivilisation ist, weist unmittelbar auf Offenheit als Weg zur Überwindung der jetzigen Krise hin. Welche rechtlichen und administrativen internationalen Behörden man auch immer zu schaffen genötigt sein wird, um die jetzigen Verhältnisse in der Welt zu stabilisieren, es ist klar, daß nur vollständige gegenseitige Offenheit wirkungsvoll das Vertrauen zueinander fördern und gemeinsame Sicherheit garantieren kann.«

Bohr endete mit dem Wunsch, daß »mit ständig größerer Klarheit und Stärke in allen Ländern die Forderung einer offenen Welt« erhoben wird.

Kurz nach der Verlesung des Briefes brach der Koreakrieg aus. Die offene Welt blieb ein Traum, und Bohr äußerte sich nie mehr politisch. Im letzten Jahrzehnt seines Lebens half er den Wissenschaften, die internationalen Beziehungen zu knüpfen, die er den Staaten empfohlen hatte. Bohr beteiligte sich an der Gründung eines Nordischen Institutes für Atomphysik (NORDITA), und er war dabei, als in Kopenhagen eine Europäische Organisation für Kernforschung, bekannt als CERN, ihre Arbeit aufnahm. CERN beherbergt heute in Genf einen der größten Teilchenbeschleuniger der Welt. Wissenschaftler aus allen Ländern arbeiten hier zusammen, nur mit Grundlagenproblemen beschäftigt. CERN wurde so, wie Bohr es wollte, international und offen. Solche Konstruktionen ermöglichen die Koexistenz der Staaten, ohne die die Welt nicht leben kann. Die riesigen Maschinen, welche die am CERN arbeitenden Physiker verwenden, akzeptierte er als logische Konsequenz dessen, was er und seine Freunde begonnen hatten.

Als Bohr 1962 starb, ging ein heroisches Zeitalter der Wissenschaft zu Ende. Bohr war zu seinen Lebzeiten eine Legende geworden. Die Historiker der Wissenschaft sammelten seine Briefe, sie baten ihn um Interviews und nahmen seine Antworten auf Band auf. In seinem letzten Gespräch am 17. November 1962 erzählte Bohr davon, wie offensichtlich doch die Vorstellung der Komplementarität sei. Er äußerte sich zuversichtlich, daß sie eines Tages den Schulkindern einleuchten würde. Seine Äußerungen sind auf Tonband festgehalten worden. Wer es abspielt, hört eine sanfte Stimme, die eine leise, aber eindrückliche Melodie zu singen scheint: »You know, it is very obvious.«

Am Sonntag nach diesem Interview – es war der 18. November – plante Bohr, am Abend mit Freunden zu feiern. Am Nachmittag legte er sich hin, um ein wenig zu schlafen. Er ist nicht mehr aufgewacht.

Zum Ende

Das Prinzip Versöhnung

Bohr wurde von allen geliebt, von seinen Schülern ebenso wie sogar von seinen philosophischen Gegnern. Seine Freunde glaubten gar, er sei »der beste Mensch der Welt« (L20). Die im Gespräch spürbare Intensität seines Denkens war unwiderstehlich. Saß man Bohr gegenüber, beeindruckten vor allem seine unter buschigen Brauen sitzenden Augen. Sie schienen gleichzeitig genau auf die Dinge und durch sie hindurch in eine unergründliche Ferne zu blicken. Sie sahen den Mitmenschen zugleich scheu und gütig an (L24).

Bohr wollte immer lernen. Und er wußte, daß man etwas lernen konnte. Er wußte, daß man nichts wissen wird, wenn man nichts lernen will. Man konnte sogar lernen, die Atome zu verstehen. Dazu mußte man allerdings bereit sein, den Antworten der Natur zu vertrauen und sich von intuitiven Modellen zu lösen. Wir können nicht erwarten, daß wir die Natur so verstehen, wie wir wollen.

Lernen beruht auf Gegenseitigkeiten, also auch darauf, daß es zwei verschiedene Seiten gibt. Bohr wurde durch Widersprüche ermutigt. Gegensätze boten die besten Möglichkeiten, etwas zu lernen. Man hatte dann etwas verstanden, wenn beide Seiten sich aufeinander zubewegt hatten, wenn Widersprüchlichkeiten versöhnt wurden.

Bohr war ein Mann von ungewöhnlicher Gerechtigkeit. Er wollte alle Standpunkte ernst nehmen und zugleich versöhnen. So gelangte er zur Vorstellung der Komplementarität. Diese Idee

Niels Bohr, 1960.

war sein Vorschlag zur Lösung scheinbar unüberwindlicher Probleme, die auf scheinbar unversöhnlichen Gegensätzen beruhte.

»Contraria non contradictoria sed complementa sunt.« Gegensätze widersprechen sich nicht, sie ergänzen sich zu einem einheitlichen Ganzen, sie sind komplementär. Diesen lateinischen Satz schrieb Bohr noch am 8. Mai 1961 auf eine Tafel in der Moskauer Lomonossow-Universität. Ein Vierteljahrhundert zuvor hatte er darum gebeten, den ihm überreichten dänischen Elefantenorden mit dem Leitspruch »contraria sunt complementa« zu versehen. Die Betonung liegt dabei auf den Gegensätzen. Sie gibt es, sie sind ernst zu nehmen und sollten nicht verwischt werden. Die Versöhnung besteht nicht in einer Überstreichung von Gegensätzen, sie besteht in ihrer Betonung.

Und sie ist – auf höherer Ebene – überall möglich. 1912 versöhnte Bohr Rutherfords Experimente mit den klassischen theoretischen Vorstellungen. Das Ergebnis – nach schwierigem Aufstieg – hieß Quantenmechanik. Sie vereinte das Objekt mit dem Beobachter. Beide – Subjekt und Objekt – finden im Phänomen zusammen. Bohr kittete mit der Komplementarität den Schnitt, den René Descartes vor mehr als 300 Jahren zwischen Subjekt und Objekt gezogen hatte. Bohr schien es zuwenig zu sein, nichts anderes zu tun, als zwischen einer wirklich vorhandenen Sache (res extensa) und ihrer Wahrnehmung (res cogitans) zu unterscheiden und Geist und Materie nur als Gegensätze zu behandeln. Beides sind komplementäre Gegebenheiten, die wir in uns versöhnen.

Auch der von Descartes proklamierte Gegensatz zwischen einer inneren und einer äußeren Realität ist nur Illusion. Gerade die Quantenmechanik hat deutlich gemacht, daß es nur eine Wirklichkeit gibt. In jedem Experiment müssen wir entscheiden, welchen Aspekt dieser Realität wir beobachten wollen. Wir können uns frei entscheiden, aber entscheiden müssen wir uns.

Das müssen wir hinnehmen wie viele andere Sachen auch. Bohr selbst hat diesen Aspekt seiner Denkfigur Komplementarität betont. Wir müssen das Quantum der Wirkung ebenso hinnehmen – wir können es nicht ableiten – wie die Tatsache des Lebens an sich. Auch sie kann nicht erklärt werden. Wir müssen zudem davon ausgehen, daß es moralisches Verhalten gibt. Wir können keine Ethik aus der Biologie ableiten. Beide sind paradoxe – komplementäre – Hervorbringungen der menschlichen Vernunft, durch die unsere menschliche Gesellschaft geworden ist.

Auch diese Gesellschaft müssen wir hinnehmen. Wenn wir sie bessern wollen, können wir dies nicht einseitig tun – etwa mit Hilfe der Naturwissenschaften oder gegen sie. Es ist nur dann möglich, wenn wir alle Standpunkte berücksichtigen, wenn wir also bereit bleiben, von anderen zu lernen. Bohr hat dies unermüdlich betont. Es sei nur möglich, »durch gegenseitiges Verständnis ein Mittel zur Hebung der menschlichen Kulturen zu schaffen«. Er hat die Wissenschaft in den Rang einer Kultur gehoben und hochgehalten.

ANHANG

Zeittafel

1885   Am 7. Oktober wird Niels Bohr als Sohn von Christian und Ellen Bohr, geborene Adler, in Kopenhagen geboren.

1887   Der Bruder Harald wird am 22. April geboren.

1900   Max Planck entdeckt das Quantum der Wirkung.

1903   Nach dem Abitur an der Gammelholmschule in Kopenhagen beginnt Bohr mit dem Studium der Physik, Mathematik und Philosophie an der Kopenhagener Universität. Seine Hochschullehrer sind unter anderem Christian Christiansen, Niels Bjerrum und Harald Höffding.

1905   Albert Einstein veröffentlicht drei fundamentale Arbeiten, unter anderem seine spezielle Relativitätstheorie. In Kopenhagen wird der studentische Diskussionskreis Ekliptika gegründet.

1907   Planck begründet Einsteins berühmte Formel $E = mc^2$; Bohr erhält die Goldmedaille der Königlich-Dänischen Akademie der Wissenschaften für seine Bestimmung der Oberflächenspannung einer Flüssigkeit.

1909   Einstein formuliert die These von der Dualität des Lichtes, Bohr besteht sein Magisterexamen.

1911   Bohr verteidigt im Mai seine Doktorarbeit zur Elektronentheorie der Metalle; im September geht er nach Cambridge (zu Joseph John Thompson); im November macht er die Bekanntschaft von Ernest Rutherford, in dessen Laboratorium entdeckt wird, daß Atome einen Kern haben.

1912   Bohr wechselt nach Manchester zu Rutherford und heiratet in Kopenhagen Margarethe Norlund.

1913   Bohr erklärt die Stabilität der Atome mit dem Quanten-postulat. Seine drei Arbeiten *(Trilogie) Über die Konstitution der Atome und Moleküle* erscheinen (»Bohrsches Atommodell«).

1916   Einstein veröffentlicht seine allgemeine Relativitätstheorie; Bohr wird Professor in Kopenhagen und Vater des ersten seiner fünf Söhne.

1917   Bohr formuliert das Korrespondenzprinzip.

1919   Rutherford publiziert die erste künstliche Kernumwandlung; Bohr lernt Einstein und Planck kennen.

1921   Das Institut für theoretische Physik der Kopenhagener Universität am Blegdamsvej wird im März eingeweiht; Bohr formuliert ein Aufbauprinzip des periodischen Systems der chemischen Elemente.

1922   Im Juni finden in Göttingen die »Bohr-Festspiele« statt; dabei lernt Bohr den Studenten Werner Heisenberg kennen; Einstein (rückwirkend für 1921) und Bohr erhalten den Nobelpreis für Physik.

1924   Bohr formuliert (gemeinsam mit Hendrik Anthony Kramers und John Clarke Slater) eine Strahlungstheorie; er erwirbt sein »Lynghuset« in Tisvilde; der fünfte Sohn wird geboren.

1925   Wolfgang Pauli schlägt ein »Prinzip im Aufbau des Atoms« (Pauliprinzip) vor. Heisenberg erfindet eine neue Mechanik (Matrizenmechanik), die gemeinsam mit Max Born und Pascual Jordan formuliert wird.

1926   Erwin Schrödinger formuliert eine äquivalente Wellenmechanik (Schrödingergleichung). Er besucht Kopenhagen.

1927   Die Kopenhagener Deutung der Quantentheorie entsteht: Heisenberg entdeckt Unbestimmtheitsrelationen; Bohr konzipiert die Idee der Komplementarität. Er stellt sie im September in Como vor. Im Oktober beginnt auf der fünften Solvay-Konferenz in Brüssel die Einstein-Bohr-Debatte.

1929   Im April findet die erste Frühjahrskonferenz in Kopenhagen mit Heisenberg und Pauli statt.

1931   Bohr wird die Villa Carlsberg als Ehrenwohnsitz zuge-
        sprochen.

1932   Das Neutron und das Positron (Antiteilchen) werden ent-
        deckt; Bohr trägt über *Licht und Leben* vor.

1935   Zu Bohrs 50. Geburtstag wird eine Sammlung für die Be-
        schaffung von Radium (0,6 Gramm) organisiert. Damit
        steht auch in Kopenhagen eine Neutronenquelle zum Be-
        schuß von Atomkernen zur Verfügung. Bohr ersinnt die
        Vorstellung eines Compoundkerns.

1938   Die Spaltung des Urankerns wird in Berlin entdeckt
        (Otto Hahn und Fritz Straßmann) und von Lise Meitner
        und Otto Robert Frisch theoretisch gedeutet.

1939   Bohr arbeitet (gemeinsam mit John Archibald Wheeler)
        eine Theorie der Kernspaltung aus; er wird Präsident der
        Königlich-Dänischen Akademie der Wissenschaften und
        der Literatur; Einstein schreibt (gemeinsam mit Eugene
        Paul Wigner und Leo Szilard) einen Brief an Präsident
        Franklin Roosevelt, der Anstoß zum Bau der amerikani-
        schen Atombombe gibt.

1940   Einstein wird amerikanischer Staatsbürger; Dänemark
        wird von deutschen Truppen besetzt.

1941   Deutsche Truppen fallen in die Sowjetunion ein (Juni);
        Heisenberg besucht Bohr in Kopenhagen (September).

1942   Enrico Fermi macht die fortlaufende Erzeugung von
        Atomenergie durch eine Kettenreaktion der Uranspal-
        tung möglich. Das Atomzeitalter beginnt.

1943   Bohr flieht im September aus Dänemark, in dem der Aus-
        nahmezustand herrscht; über Schweden und Großbritan-
        nien gelangt er in die USA. Im Dezember besetzen deut-
        sche Truppen das Kopenhagener Institut.

1944   Auf Betreiben Heisenbergs wird das Institut der Univer-
        sität zurückgegeben; Bohr spricht mit Winston Churchill
        (Mai) und Roosevelt (August).

1945   Dänemark wird im Mai befreit, und Ende August kehrt
        Bohr zurück. Anfang August haben die Amerikaner zwei
        Atombomben auf Japan abgeworfen.

1949   Bohr beschreibt seine *Diskussion mit Einstein über erkenntnis-*

theoretische Probleme in der Atomphysik; Einstein bringt seine Bedenken gegen die Kopenhagener Deutung auf die »bange Frage [...], ob Gott wirklich würfelt«. Bohr antwortet, »daß niemand [...] wissen kann, was ein Wort wie würfeln in diesem Zusammenhang heißen soll«.

1950 Bohr verbringt mehrere Monate in Princeton. Im Juni schreibt er seinen offenen Brief an die Vereinten Nationen.

1953 Die Europäische Atomenergieforschungsgemeinschaft (CERN) mit Sitz in Genf wird gegründet.

1955 Bohr übernimmt den Vorsitz der Dänischen Atomenergiekommission. Im August trägt er auf der internationalen Konferenz zur Nutzung der Kernenergie in Genf vor.

1957 Bohr wird erster Preisträger des »Atoms for Peace Award« (USA).

1962 Am 18. November stirbt Niels Bohr in Kopenhagen.

1965 Das Institut für theoretische Physik am Blegdamsvej in Kopenhagen wird in »Niels-Bohr-Institut« umbenannt. Ein Archiv wird eingerichtet, in dem heute die über 6000 Dokumente der wissenschaftlichen Korrespondenz von Bohr aufbewahrt werden. Hier wird auch die Herausgabe der *Collected Works* in elf Bänden fortgesetzt, die seit 1972 erscheinen.

Niels Bohr erhielt 30mal den Ehrendoktortitel und wurde 24mal zum Mitglied einer wissenschaftlichen Gesellschaft berufen.

Auswahlbibliographie

Werke von Niels Bohr

Nur eine Auswahl der Arbeiten von Niels Bohr wird hier angeführt. Eine vollständige Liste umfaßt weit mehr als 200 Titel. Sie werden alle im Rahmen der *Collected
Works* (in elf Bänden) erscheinen. Mit der Herausgabe wurde 1972 begonnen, bis
heute liegen sechs Bände vor (Amsterdam / New York: North-Holland Publishing
Company bzw. seit 1984 North-Holland Physics Publishing). Bei den zitierten
Arbeiten von Bohr wird mit angegeben, in welchem Band der *Collected Works* (CW)
sie enthalten sind.

1 »On the theory of the decrease of velocity of moving electrified particles on
    passing through matter«, in: *Philosophical Magazine* 25, 1913, S. 10−31.
2 »On the constitution of atoms and molecules«, Part I, in: *Philosophical Magazine*
    26, 1913, S. 1−25; CW 2.
3 »On the constitution of atoms and molecules«, Part II, »Systems containing a
    single nucleus«, in: *Philosophical Magazine* 26, 1913, S. 476−502; CW 2.
4 »On the constitution of atoms and molecules«, Part III, in: *Philosophical Maga-
    zine* 26, 1913, S. 857−875; CW 2.
5 »The spectra of hydrogen and helium«, in: *Nature* 95, 1915, S. 6; CW 2.
6 »Atomic structure«, in: *Nature* 107, 1921, S. 104−107; CW 4.
7 »Zur Frage der Polarisation der Strahlung in der Quantentheorie«, in: *Zeit-
    schrift für Physik* 6, 1921, S. 1−9; CW 3.
8 »Atomic structure«, in: *Nature* 108, 1921, S. 208−209; CW 4.
9 »Unsere heutige Kenntnis vom Atom«, in: *Die Umschau* 25, 1921, S. 229; CW 4.
10 *Drei Aufsätze über Spektren und Atombau*, Braunschweig: Vieweg 1922 (enthält
    unter anderem 7 und 8).
11 »On the selection principle of the quantum theory«, in: *Philosophical Magazine*
    43, 1922, S. 1112−1116; CW 3.
12 »The difference between series spectra of isotopes«, in: *Nature* 109, 1922, S. 745;
    CW 3.
13 *Über die Quantentheorie der Linienspektren*, Braunschweig: Vieweg 1923.
14 *Über den Bau der Atome. Vortrag bei der Entgegennahme des Nobelpreises*, Berlin: Sprin-
    ger 1924; CW 4.

15 »Linienspektren und Atombau«, in: *Annalen der Physik* 71, 1923, S. 228–288; CW 4.

16 *The correspondence principle. Report of the British Association for Advancement of Science*, London 1924, S. 428f.; CW 3.

17 (mit H. A. Kramers und J. C. Slater:) »Über die Quantentheorie der Strahlung«, in: *Zeitschrift für Physik* 24, 1924, S. 69–87; CW 5.

18 »Atomtheorie und Mechanik«, in: *Naturwissenschaften* 14, 1926, S. 1–10; CW 5.

19 »Spinning electrons and the structure of spectra«, in: *Nature* 117, 1926, S. 265; CW 5.

20 »Das Quantenpostulat und die neuere Entwicklung der Atomistik«, in: *Naturwissenschaften* 16, 1928, S. 262–267 (englisch in: *Nature* 121, S. 580–590); CW 6.

21 »Wirkungsquantum und Naturbeschreibung«, in: *Naturwissenschaften* 17, 1929, S. 483–486; CW 6.

22 »Die Atomtheorie und die Prinzipien der Naturbeschreibung«, in: *Naturwissenschaften* 18, 1930, S. 73–78; CW 6.

23 »Chemistry and the Quantum Theory of Atomic Constitution«, in: *Journal of the Chemical Society* 134, 1932, S. 349–384. (»Faraday Lecture« vom 8. 5. 1930); CW 6.

24 *Atomtheorie und Naturbeschreibung*, Berlin: Springer 1931 (deutsche Übersetzung von *Atomtheorie og naturbeskrivelse*. Festschrift der Universität Kopenhagen, 1929); CW 6.

25 »Licht und Leben«, in: *Naturwissenschaften* 21, 1933, S. 245; CW 9.

26 (mit L. Rosenfeld:) »Zur Frage der Meßbarkeit der elektromagnetischen Feldgrößen«, in: *Kongelige Danske Videnskabernes Selskab Mat.-Fys. Meddelelser* 12, Nr. 8, 1933; CW 7.

27 »Quantum mechanics and physical reality«, in: *Nature* 136, 1935, S. 65; CW 7.

28 »Can Quantum-Mechanical Description of Physical Reality be Complete?«, in: *Physical Review* 48, 1935, S. 696–702 (deutsch in L1); CW 7.

29 »Conservation laws in quantum theory«, in: *Nature* 138, 1936, S. 25f.; CW 5.

30 »Kausalität und Komplementarität«, in: *Erkenntnis* 6, 1936, S. 293–303; CW 7.

31 (mit J. A. Wheeler:) »The mechanism of nuclear fission«, in: *Physical Review* 56, 1939, S. 426–450; CW 9.

32 »Science and Civilisation«, in: *The Times*, 11. 8. 1945; CW 9.

33 »A challenge to civilisation«, in: *Science* 102, 1945, S. 363f.; CW 9.

34 »On the Notions of Causality and Complementarity«, in: *Dialectica* 2, 1948, S. 312–319; CW 7.

35 Diskussionen mit Einstein über erkenntnistheoretische Probleme in der Atomphysik (geschrieben 1949), in: *Albert Einstein als Philosoph und Naturforscher*. Herausgegeben von Paul A. Schilpp, Stuttgart: Kohlhammer 1955; wieder erschienen 1979 bei Vieweg, Braunschweig / Wiesbaden; CW 10.

36 (mit L. Rosenfeld:) »Field and charge measurements in quantum electrody-
namics«, in: *Physical Review* 78, 1950, S. 794–798; CW 7.

37 *Open Letter to the United Nations, June 9th 1950*, Kopenhagen: Schultz 1950 (abgedruckt in L23); CW 9.

38 »Über die Einheit unseres Wissens«, in: *Universitas* 16, 1961, S. 835; CW 9.

39 *Atomphysik und menschliche Erkenntnis I*, Braunschweig: Vieweg 1964.

40 *Atomphysik und menschliche Erkenntnis II*, Braunschweig: Vieweg 1966.

41 *Atomphysik und menschliche Erkenntnis*, Braunschweig: Vieweg 1985 (Zusam-
menfassung mehrerer Beiträge aus 39 und 40).

Briefe von und an Niels Bohr

Die zitierten Stellen sind den *Collected Works* oder dem Bohr-Archiv in Kopenhagen entnommen. Im ersten Fall wird angegeben, in welchem Band und auf welcher Seite der Brief abgedruckt ist. Im zweiten Fall findet man die Angabe BSC
(Bohr Scientific Correspondence) und eine Zahl, die die Nummer des Mikrofilms
und den jeweiligen Abschnitt bezeichnet.

B 1 Briefe von Niels Bohr an Harald Bohr vom 12. und 19.6.1912, CW 1,
S. 557–559.

B 2 Brief von Ernest Rutherford an Niels Bohr vom 20.3.1913, B40, S. 41.

B 3 Brief von Niels Bohr an Paul Ehrenfest vom 22.11.1920, CW 3, S. 611.

B 4 Brief von Niels Bohr an Arnold Sommerfeld vom 30.4.1922, CW 3, S. 691.

B 5 Brief von Albert Einstein an Niels Bohr vom 11.1.1923, CW 4, S. 686.

B 6 Brief von Niels Bohr an Werner Heisenberg vom 18.4.1925, CW 5, S. 360.

B 7 Brief von Max Delbrück an Niels Bohr vom 20.3.1936, BSC 18.3.

B 8 Brief von Niels Bohr an Werner Heisenberg vom 21.11.1945, BSC 20.2.

B 9 Brief von Albert Einstein an Niels Bohr vom 4.4.1949, BCS 28.2.

B10 Brief von Niels Bohr an Albert Einstein vom 11.4.1949, BSC 28.2.

Sekundärliteratur

L1 Baumann, Kurt/Sexl, Roman, *Die Deutungen der Quantentheorie*, Braunschweig 1948.

L2 Bothe, Walter/Geiger, Hans, »Experimentelles zur Theorie von Bohr, Kramers und Slater«, in: *Naturwissenschaften* 13, 1925, S. 440.

L3 Delbrück, Max, *Wahrheit und Wirklichkeit*, Hamburg 1986.

L4 Feyerabend, Paul, *Probleme des Empirismus*, Braunschweig 1981.

L5 Fischer, Peter, *Licht und Leben. Ein Bericht über Max Delbrück, den Wegbereiter der
Molekularbiologie*, Konstanz 1985.

L6 Folse, Henry, *The Philosophy of Niels Bohr*, Amsterdam 1985.

L7 Heisenberg, Werner, »Über den anschaulichen Inhalt der quantentheoreti-
schen Kinematik und Mechanik«, in: *Zeitschrift für Physik* 43, 1927, S. 172–
198.

L 8 Heisenberg, Werner/Bohr, Niels, »Die Kopenhagener Deutung der Quantentheorie«, in: *Dokumente der Naturwissenschaft*, herausgegeben von Armin Hermann, Stuttgart 1963.

L 9 Heisenberg, Werner, *Der Teil und das Ganze. Gespräche im Umkreis der Atomphysik*, München 1969.

L10 Hund, Friedrich, *Geschichte der Quantentheorie*, Mannheim 1967.

L11 *Moderne Naturphilosophie*. Herausgegeben von Bernulf Kanitscheider, Würzburg 1984.

L12 Meyer-Abich, Klaus-Michael, *Korrespondenz, Individualität und Komplementarität. Eine Studie zur Geistesgeschichte der Quantentheorie in den Beiträgen Niels Bohrs*, Wiesbaden 1965.

L13 Møller, Poul Martin, *En dansk students eventyr*, Kopenhagen 1978 (geschrieben 1824).

L14 Moore, Ruth, *Niels Bohr. Ein Mann und sein Werk verändern die Welt*, München 1970.

L15 Pauli, Wolfgang, *Physik und Erkenntnistheorie*, Braunschweig 1984.

L16 Pauli, Wolfgang, *Wissenschaftlicher Briefwechsel*, Band 1. Herausgegeben von Armin Hermann, Karl von Meyenn und Victor Weisskopf, New York 1979.

L17 Popper, Karl Raimund, *Quantum Theory and the Schism in Physics*, London 1982.

L18 Röseberg, Ulrich, *Szenarium einer Revolution. Nichtrelativistische Quantenmechanik und philosophische Widerspruchsproblematik*, Berlin (DDR) 1984.

L19 Röseberg, Ulrich, *Niels Bohr. Leben und Werk eines Atomphysikers*, Berlin (DDR) 1985.

L20 *Niels Bohr. His Life and Work as Seen by His Friends and Colleagues*. Herausgegeben von Stefan Rozental, Amsterdam 1967.

L21 *Albert Einstein als Philosoph und Naturforscher*. Herausgegeben von Paul A. Schilpp, Braunschweig/Wiesbaden 1979.

L22 Selleri, Franco, *Die Debatte um die Quantentheorie*, Braunschweig 1984.

L23 *Niels Bohr. Physik und Erkenntnistheorie im 20. Jahrhundert*. Herausgegeben von Karl von Meyenn, Klaus Stolzenburg und Roman Sexl, Braunschweig 1985.

L24 Weizsäcker, Carl Friedrich von, *Wahrnehmung der Neuzeit*, München 1983.

Personenregister

Adler, Ellen → Bohr, Ellen
Andersen, Hans Christian (1805–1875) 107

Balmer, Johann Jakob (1825–1898) 32 f.
Bell, John (* 1928) 89 f.
Berleme, Aage 37
Bjerrum, Niels (1879–1958) 100, 121
Bloch, Felix (* 1905) 98
Bohr, Aage (* 1922) 43, 108
Bohr, Christian (1916–1934) 37, 98, 100
Bohr, Christian Harald Lauritz Peter Emil (1855–1911) 18 f., 22, 24, 70, 121
Bohr, Ellen (geb. Adler; 1860–1930) 18, 20, 22, 121
Bohr, Hans (* 1918) 104
Bohr, Harald (1887–1951) 16, 18, 20, 22, 24, 100, 104, 108, 121
Bohr, Margarete (geb. Norlund; 1890–1984) 20, 23 f., 32, 37, 61 f., 104, 109, 121
Born, Max (1882–1970) 39, 50, 122
Bothe, Walter (1891–1957) 49
Broglie, Louis Victor Duc de (* 1892) 46–48
Burckhardt, Jacob (1818–1897) 42

Chadwick, Sir James (1891–1974) 97
Chievitz, Ole (1883–1946) 100
Christiansen, Christian (1843–1917) 21, 121

Churchill, Sir Winston (1874–1965) 12, 108, 110, 123

Delbrück, Max (1906–1981) 57, 71–73, 92
Descartes, René (1596–1650) 116
Dickens, Charles (1812–1870) 18, 24
Dirac, Paul Adrien Maurice (1902–1984) 64

Ehrenfest, Paul (1880–1933) 38, 63 f.
Einstein, Albert (1879–1955) 15, 22, 28, 31, 35, 41 f., 43, 46–49, 52, 67, 76–84, 86–93, 102, 106, 121–124

Faraday, Michael (1791–1867) 26
Fermi, Enrico (1901–1954) 65, 98, 101, 105, 123
Franck, James (1882–1964) 39, 108
Frankfurter, Felix (1882–1965) 110
Fresnel, Augustin Jean (1788–1827) 25
Friedrich IX. (1899–1972), König von Dänemark (seit 1947) 71
Frisch, Otto Robert (1904–1979) 64, 101 f., 123

Gamow, George (1904–1968) 61, 101
Geiger, Hans (eigtl. Johannes Geiger; 1882–1945) 49
Goethe, Johann Wolfgang von (1749–1832) 18
Goldstein, Israel (* 1896) 93

Haber, Fritz (1868–1934) 30

Hahn, Otto (1879–1968) 101 f., 123

Hansen, Hans Marius (1886–1956) 32

Heisenberg, Werner (1901–1976) 11, 43, 45 f., 50–52, 54–56, 64, 78, 81, 83, 96, 98 f., 105–107, 111, 122 f.

Hendriksen, Halfdan (1881–1961) 100

Hevesy, George (eigtl. György Hevesi; 1885–1966) 30

Hilbert, David (1862–1943) 90

Hitchcock, Alfred (1899–1980) 9

Hitler, Adolf (1889–1945) 106, 108

Höffding, Harald (1843–1931) 19, 63, 121

James, William (1842–1910) 98

Jordan, Pascual (1902–1980) 50, 122

Kierkegaard, Søren (1813–1855) 19

Klein, Oskar (1894–1977) 39

Kramers, Hendrik Anthony (1894–1952) 37, 48 f., 111, 122

Landau, Lew Dawidowitsch (1909–1968) 61

Langevin, Paul (1872–1946) 47

Laotse (4./3. Jh. v. Chr.) 95

Laue, Max von (1879–1960) 108

Leibniz, Gottfried Wilhelm (1646–1716) 77

Lorentz, Hendrik Antoon (1853–1928) 21

Maxwell, James Clerk (1831–1879) 26

Meitner, Lise (1878–1968) 101 f., 123

Møller, Poul Martin (1794–1838) 19 f.

Moseley, Henry (1887–1915) 35

Mussolini, Benito (1883–1945) 105

Newton, Sir Isaac (1643–1727) 22, 25 f., 33, 77

Norlund, Margarete → Bohr, Margarete

Oseen, Carl Wilhelm (1879–1944) 39

Pauli, Wolfgang (1900–1958) 45, 49, 51 f., 61, 64, 78, 97, 122

Planck, Max (1858–1947) 10, 15 f., 22, 26–28, 53, 121 f.

Podolski, Boris (1896–1966) 84, 86 f., 91

Röntgen, Wilhelm Conrad (1845–1923) 15

Roosevelt, Franklin Delano (1882–1945) 12, 106, 108, 110, 123

Rosen, Nathan (*1909) 84, 86 f., 91

Rosenfeld, Léon (1904–1974) 57, 72, 102

Rutherford, Ernest (Lord Rutherford of Nelson; 1871–1937) 10, 16, 24, 29 f., 32–34, 37, 48, 60, 71, 116, 121 f.

Schiller, Friedrich von (1759–1805) 13

Schrödinger, Erwin (1887–1961) 46 f., 51 f., 64, 122

Shakespeare, William (1564–1616) 18

Slater, John Clarke (1900–1976) 48 f., 122

Sokrates (um 470–399) 11

Sommerfeld, Arnold (1868–1951) 35 f., 38, 42–44

Spinoza, Baruch de (1632–1677) 93 f.

Straßmann, Fritz (1902–1980) 101, 123

Szilard, Leo (1898–1964) 123

Thomson, Sir Joseph John (1856–1940) 22, 24, 121

Truman, Harry Spencer (1884–1972) 110

Volta, Alessandro Graf (1745–1827) 56

Weizsäcker, Carl Friedrich Freiherr von (* 1912) 63 f., 98, 106

Wheeler, John Archibald (* 1911) 103, 123

Wigner, Eugene Paul (* 1902) 123

Young, Thomas (1773–1829) 25

Bildnachweis

Niels-Bohr-Institut, Kopenhagen: S. 43, 53, 109, 115, Umschlag; American Institute of Physics: S. 23, 39, 67, 83; Max-Planck-Institut für Physik und Astrophysik, München: S. 99; Staatsbibliothek Berlin – Stiftung Preußischer Kulturbesitz: S. 17.

Piper Porträt

Heinz Abosch
Jean Jaurès
Die vergebliche Hoffnung
1986. 173 Seiten mit 12 Abbildungen. Serie Piper 5209

Jean Jaurès gehörte zu den großen Gestalten der europäischen Politik vor dem
Ersten Weltkrieg. Als Journalist (er gründete 1904 »L'Humanité«) und Politiker
trat er für einen Zusammenschluß der französischen Sozialisten ein, stritt für
den Hauptmann Dreyfus und warb – als überzeugter Internationalist und
Pazifist – für eine Annäherung zwischen Deutschland und Frankreich. Am
Vorabend des Ersten Weltkriegs wurde er von einem Fanatiker erschossen.
Heinz Abosch, namhafter Kenner der politischen Geistesgeschichte, beschreibt
in diesem glänzend geschriebenen Porträt dieses für Europa so wichtige Leben,
das die – vergebliche – Hoffnung auf eine friedlichere Zukunft repräsentierte.

Jürg Amann
Robert Walser
Auf der Suche nach einem verlorenen Sohn
1985. 79 Seiten mit 13 Abbildungen. Serie Piper 5212

Dieses Essay handelt davon, wie sich ein Sohn von der Mutter zuwenig geliebt
fühlt und deshalb, um nicht verloren zu gehen, anstelle des natürlichen einen
künstlichen, künstlerischen Weg sucht, um sich der Liebe der Welt zu versichern.
In seinem ersten Schreibversuch schon bringt er dieses kindliche Grundmuster in
gültige Form, ihm wird er sein ganzes Leben lang hartnäckig nachspüren.
Schreiben als letztlich tragischer, weil natürlich untauglicher Umweg zu den
Menschen, als der verborgene Ort, an dem einer gefunden werden möchte, das
ist das Thema dieses Porträts.
Die Zeittafel am Ende des Buches setzt das literarische Porträt in den Rahmen
der faktischen Chronologie. Die Bilder geben dem exemplarischen Fall sein
individuelles Gesicht.

Piper

Piper Porträt

Anton Austermann
Kurt Tucholsky
Der Journalist und sein Publikum
1985. 202 Seiten mit 14 Abbildungen. Serie Piper 5214

Vor 50 Jahren, am 21. 12. 1935, wählte Kurt Tucholsky im schwedischen Exil angesichts der deutschen Hitler-Begeisterung den Freitod. Den Humoristen und Feuilletonisten, später auch den politischen Satiriker und Kritiker der Weimarer Zeit haben die Leser-generationen nach 1945 geradezu verschlungen. Unentdeckt blieb der Journalist Tucholsky, der in einer Fülle von Essays über seinen schreibenden Beruf und dessen Lesepublikum nachdachte.
Austermanns Buch rekonstruiert die in Tucholskys Gesamtwerk gleichsam versteckte, kritische Phänomenologie des Journalismus und seines Publikums und interpretiert sie als farbige Theorie gesellschaftlicher Kommunikations- und Lernprozesse.

Hans-Georg Beck
Kaiserin Theodora und Prokop
Der Historiker und sein Opfer
1986. 166 Seiten mit 5 Abbildungen. Serie Piper 5221

Machtgierig und grausam, sinnlich und despotisch soll sie gewesen sein und unheilvollen Einfluß auf die Politik des Byzantinischen Reiches ausgeübt haben. Sagt Prokop, der bedeutendste Geschichtsschreiber der Epoche über die byzantinische Kaiserin Theodora (von 500 bis 548). Hans-Georg Beck befragt seinerseits kritisch Prokop: Welche Interessen hatte er, das Bild der Kaiserin in grellsten, skandalösesten Farben zu malen? Die Antwort gibt der Autor in einer blendenden, historisch-philologischen Analyse, die das gesellschaftliche Umfeld des Historikers und seines Opfers überzeugend miteinbezieht.

Herbert von Borch
John F. Kennedy
Amerikas unerfüllte Hoffnung
1986. 169 Seiten mit 8 Abbildungen. Serie Piper 5203

John F. Kennedy ist schon zu seinen Lebzeiten zur Legende geworden. Kein amerikanischer Präsident hat so sehr den Begriff des Charismas auf sich gezogen, niemand nach ihm hat seinen Entwurf einer »neuen Gesellschaft« aufzunehmen gewagt. Im nachhinein erscheint daher Kennedy als Symbolfigur eines anderen Amerika, das nicht auf Konfrontation, vielmehr auf Ausgleich setzte.

PIPER

Piper Porträt

Friedrich Georg Friedmann
Hannah Arendt
Eine deutsche Jüdin im Zeitalter des Totalitarismus
1985. 160 Seiten mit 12 Abbildungen. Serie Piper 5201

»Das deutschsprachige Judentum und seine Geschichte ist ein durchaus
einzigartiges Phänomen, das auch im Bereich der sonstigen jüdischen
Assimilationsgeschichte nicht seinesgleichen hat«, schrieb Hannah Arendt.
Sie selbst ist Repräsentantin dieser Symbiose wie Analytikerin ihrer
Geschichte von der Zeit Rahel Varnhagen bis zum Terror des national-
sozialistischen Regimes. F. G. Friedmann, in Deutschland geborener Jude,
porträtiert eine faszinierende Persönlichkeit.

Wilhelm Hankel
John Maynard Keynes
Die Entschlüsselung des Kapitalismus
1986. 161 Seiten mit 10 Abbildungen. Serie Piper 5239

Obwohl Keynes bereits vor 40 Jahren starb, bestimmt der Streit um seine
wirtschaftspolitische Botschaft nach wie vor die gesamte politische
Ökonomie. Seine Freunde fasziniert seine Vision: die Ergänzung der mit
Fehlern und Fehlleistungen behafteten Selbststeuerung der Marktwirtschaft
durch staatliche Globalsteuerung. Seine Kritiker bestürzt das Ergebnis:
indem er die Gesellschaft als soziale Glücksmaschine konstruiere,
habe er den Staat überfordert und die Unzufriedenheit mit der Gesellschaft
zu einer Dauererscheinung gemacht. Wer also war Keynes? Spätvollender
der bürgerlichen Aufklärung oder politischer Hexenmeister?

PIPER

Piper Porträt

Ludwig Hüttl
Ludwig I.
König und Bauherr
1986. 160 Seiten mit 8 Abbildungen. Serie Piper 5213

Am 25. August 1986 wurde der 200. Geburtstag von König Ludwig I. gefeiert.
Unter seiner Regierung (1825–1848) wurde München zu »einer Stadt,
daß niemand Teutschland kennt, der München nicht gesehen hat«.
Der Ausbau Münchens zu einer Kunstmetropole von europäischem
Rang ist aber nur ein Teil der persönlichen und politischen Leistungen,
durch die Ludwig I. zum wohl bedeutendsten bayerischen König wurde.
In seiner Person vereinigte er die beiden großen politischen Strömungen
des Vormärz – den Liberalismus und den Konservativismus. Die
Spannung zwischen diesen beiden Polen zeigt Ludwig Hüttl in
diesem facettenreichen, auf gründlichem Quellenstudium beruhenden Porträt.

Tilman Jens
Mark Twain
Heimkehr zum Mississippi
1985. 96 Seiten mit 12 Abbildungen. Serie Piper 5223

Mit »Tom Sawyers Abenteuern« hat der Journalist Mark Twain den
endgültigen Durchbruch auch als Schriftsteller geschafft. Seine Leser
warten auf Fortsetzung. Er beginnt mit dem »Huckleberry Finn«. Doch auf
einmal kommt der Text zum Stocken: »Meine Vorratskammer war leer.
Das gespeicherte Material war erschöpft, die Geschichte aber konnte nicht aus
dem Nichts geboren werden.« So macht er sich 1883 noch einmal auf und
kehrt für gut einen Monat heim auf den Mississippi. Auf dem Strom, mit dem
fast alle Twainschen Bücher untrennbar verbunden sind, wird die verblaßte
Erinnerung wieder lebendig, der Lotse kann wieder erzählen. Diese
schöpferische Krise stellt Tilman Jens in den Mittelpunkt seines Mark-Twain-
Porträts – sie ist ihm Schlüssel zum Verständnis des großen
amerikanischen Autors.

Piper

Piper Porträt

Leszek Kolakowski
Henri Bergson
Ein Dichterphilosoph
Autorisierte Übersetzung aus dem Englischen Manuskript von Ursula Ludz.
1985. 138 Seiten mit 9 Abbildungen. Serie Piper 5204

Obwohl die wichtigsten Schriften des französischen Philosophen Henri
Bergson (1859–1941) in deutscher Sprache vorliegen, gibt es keine leicht
zugängliche Darstellung seines Werks. Mit Scharfblick und Einfühlungs-
vermögen erklärt Kolakowski die wichtigsten Ideen Bergsons, die noch vor
einigen Jahrzehnten eine breite europäische Öffentlichkeit erregten: Zeit und
Bewegungslosigkeit, Intuition und Intellekt, Geist und Körper, Leben und
Materie, Gesellschaft und Glaube. Kolakowski sieht in Bergson einen Schriftsteller, der die Grenzen akademischen Denkens überschreiten wollte. Er
weiß Bergson sowohl gegen den »Irrationalismus«-Vorwurf als auch gegen
die Anwürfe der katholischen Kirche zu verteidigen.

Sigfried Schibli
Franz Liszt
Rollen, Kostüme, Verwandlungen
1986. 170 Seiten mit 10 Abbildungen und 10 Notenbeispielen. Serie Piper 5238

Franz Liszt (1811–1886), ein Schauspieler? Dieser Verdacht spielte in der
Wirkungsgeschichte des großen Komponisten seit jeher eine Rolle.
In seinem Porträt versucht Sigfried Schibli, den verschiedenen Aspekten
dieser in der Tat höchst wandlungsfähigen Künstlerfigur nachzugehen und
sie als Bedingungen seiner künstlerischen Existenz zu beschreiben: den
Wandel vom Lebemann zum Abbé, vom Wunderkind zum Salonlöwen,
vom Weltbürger zum selbsternannten »Zigeunermusiker«. Solche Verwandlungen schlugen sich auch in Liszts Musik nieder, z. B. in der h-Moll-
Sonate für Klavier. Liszt beherrschte seine vielen Rollen keineswegs perfekt,
was ihn biographisch so schillernd und musikalisch so zukunftsweisend machte.

Piper Porträt

Roger Willemsen
Robert Musil
Vom intellektuellen Eros
1985. 245 Seiten mit 16 Abbildungen. Serie Piper 5208

Robert Musils Werk kennzeichnet eine Synthese von Genauigkeit und Leiden-
schaft, die die Struktur seines Denkens abbildet. »Beiträge zur geistigen
Bewältigung der Welt« wollte Musil geben, sein Werk enthält somit nicht
allein das diagnostische Bild der bestehenden Wirklichkeit, sondern auch die
Bausteine seiner Lebenslehre unter den Maximen neuer Moral. Der vorliegende
Band erläutert, warum Musil die Literatur unironisch »eine der wichtigsten
Menschenangelegenheiten« nennen konnte. Die Studie versucht in paralleler
Darstellung Lebensgeschichte und Werkgeschichte kenntlich werden zu lassen.

George Woodcock
Mahatma Gandhi
Festhalten an der Wahrheit
Aus dem Englischen von Yvette Köpp.
1986. 142 Seiten mit 8 Abbildungen. Serie Piper 5229

Mahatma Gandhi (1869–1947) gehört zu den großen Persönlichkeiten
des 20. Jahrhunderts. Die von ihm entwickelte Strategie der Gewaltlosigkeit
zwang das große Weltreich England in die Knie und erreichte Vorbildfunktion
für die friedliche Beilegung von Konflikten. In seinem Porträt zeichnet
George Woodcock den Weg Gandhis nach und verdeutlicht die inneren
und äußeren Kämpfe, die das Leben des »Apostels der Gewaltlosigkeit«
bestimmten. So ist dieses Buch gleichzeitig eine Studie über den Widerstand
von Menschen, die nur mit Argumenten und der Kraft der Wahrheit und
der Liebe – der »Satjagraha« – für ihre Ziele eintreten.

PIPER

Piper Porträt

Heinz Zahrnt
Martin Luther
Reformator wider Willen
1986. 265 Seiten mit 8 Abbildungen. Serie Piper 5246

Dieses Piper Porträt ist die völlig neu bearbeitete Ausgabe des Buches
»Martin Luther: in seiner Zeit – für unsere Zeit«.
Dieses Buch »geht der Aktualität Luthers, seiner Bedeutung für unsere
Zeit nach. Heinz Zahrnt deckt erstaunliche Paralellen auf zwischen Luthers
16. Jahrhundert und unserer unmittelbaren Gegenwart.«
Die Weltwoche

Zahrnt »hat es nicht nötig, auf Kosten der Wahrhaftigkeit einen schönen,
nur guten Luther vorzustellen ... dieses Buch läßt sich auch wie ein
Bilderbuch lesen, als Chronik einer Zeit, von der aus ein Licht geworfen
wird auch auf die politischen und religiösen Fragen unseres Jahrhunderts.«
Süddeutsche Zeitung

PIPER